令和の御大礼

——悠紀地方に選ばれた栃木——

特別展示

令和の御大礼―悠紀地方に選ばれた栃木―

会　期＝令和三（二〇二一）年　月二十三日（土）～二月二十三日（火）

会　場＝栃木県立博物館

主　催＝栃木県立博物館

ごあいさつ

天皇が即位後に初めて国家・国民の安寧と五穀豊穣を祈念するのが大嘗祭《だいじょうさい》です。その中心となる儀式「大嘗宮《だいじょうきゅう》の儀」において、神々に供える新穀は、悠紀《ゆき》・主基《すき》地方の御斎田《ごさいでん》から納められました。

令和の御大礼（即位の儀式）では、占いにより悠紀地方に栃木県が選ばれ、御斎田は高根沢町に営まれました。大嘗祭当日の夜、新造された大嘗宮の悠紀殿で、天皇陛下は新穀を神に供え、みずからも召し上がられました。後日、催された大嘗祭の祝宴「大饗《だいきょう》の儀」では、調度品《ちょうどひん》として、悠紀・主基地方をモチーフにした悠紀・主基地方風俗歌屏風《びょうぶ》・洲濱《すはま》（銀の飾り物）が披露されました。そして、主基地方京都とともに悠紀地方の栃木にちなんだ風俗舞《ふぞくまい》が舞われました。

本展では、栃木の四季と名所が描かれ、詠《よ》まれた和歌が貼られた「悠紀地方風俗歌屏風《ゆきちほうふぞくうたびょうぶ》」を特別公開します。あわせて、悠紀地方を中心に大嘗祭について歴史資料と今回の御大礼の記録から迫るとともに、栃木と皇室との深い関わりについて関連する資料をもとに紹介します。

最後になりましたが、展示にあたって資料の出陳・画像の提供等にご協力いただきました宮内庁様をはじめ関係者の皆様に心より感謝申し上げます。

令和三（二〇二一）年一月二十三日

栃木県立博物館

館長　近藤　真寿

目次

凡例

一　本書は、令和三（二〇二一）年一月二十三日から三月二十三日まで、栃木県立博物館で開催される特別展示「令和の御大礼─悠紀地方に選ばれた栃木─」の図録である。

一　図版作品番号は展示品番号と一致するが、展示の順序とは必ずしも一致しない。展示の章構成と図録の章構成は必ずしも一致しない。

一　会期中に一部展示替えを行うため、図録に掲載された作品が会場に展示されていない場合がある。

一　作品の名称は基本的に所蔵者の表記に従ったが、語句等の統一を図るため、一部表現を変えた箇所がある。

一　作品名称の頭に付した記号は、◎は重要文化財、●は重要美術品を示す（出品目録も同じ）。

一　作品名称等の表記については「作品名」・「製作年代」・「所蔵者」の順に記した。

一　掲載した出品作品等の写真は、原則として所蔵者から提供を受けた。表記のないものは後藤文彦（当館調査研究協力員）、当館職員が撮影したものを使用した。

一　本展にかかる各種デザインは髙木優が担当した。

一　本書の編集は、飯塚真史（当館主任研究員）が担当した。

一　本書の執筆分担は次のとおりである。
飯塚真史：p.1～56、58～79、82～85、89～96
林光武（当館学芸部長兼自然課長）：p.80～81
篠﨑茂雄（当館学芸部長補佐兼人文課長）：p.57、86～88

一　関連年表・地図類の作成は石川雄也（当館学芸企画推進員）、飯塚真史が担当した。

御大礼用語解説（五十音順）

1 麁服《あらたえ》・繒服《にぎたえ》

神に捧げる幣帛《へいはく》（供物の総称）の一種で、神のお召しになるものとして、神に捧げる衣服、神御衣《かむみそ》である。

麻織物の「麁服」は阿波国から、絹織物の「繒服」は三河国から献上される。中世に途絶えるが、大正天皇の大嘗祭に際して復活し、令和の御大礼には、徳島県から「麁服」、愛知県から「繒服」が納められた。

2 亀卜《きぼく》

亀の甲を焼き、そのひび割れの入り方で占う方法。令和の悠紀地方・主基地方もこの方法で占われた。

3 行啓《ぎょうけい》

太皇太后・皇太后・皇后・皇太子・皇太子妃・皇太孫が外出すること。帰りは「還啓《かんけい》」という。また、天皇・皇后・皇太后・皇太子・皇太子妃・皇太孫以外の皇族の外出はお成《な》り、帰りはご帰還《きかん》という。

4 行幸《ぎょうこう》

天皇が外出すること。行先が二カ所以上にわたっているときは「巡幸《じゅんこう》」、帰りは「還幸《かんこう》」という。また、天皇と皇后が一緒に外出することは「行幸啓《ぎょうこうけい》」、帰りは「還幸啓《かんこうけい》」という。

5 御製《ぎょせい》

特に、天皇や皇族が詠《よ》んだ和歌や詩文をいう。現在では天皇の場合に限っていう。

6 剣璽《けんじ》

三種の神器《じんぎ》のうち草薙剣《くさなぎのつるぎ》と八尺瓊勾玉《やさかにのまがたま》のことをいう。三種の神器には、八咫鏡《やたのかがみ》もあるが、宮中の賢所《かしこどころ》に奉安《ほうあん》（尊いものを安置する意味）されているため、即位に際しては、剣と勾玉が新天皇に受け継がれる。

7 御斎田《ごさいでん》

神饌《しんせん》（神に供える飲食物の総称。水・酒・穀類・魚・野菜・果実など）に用いる米を栽培するため、特別に定められた田である。特に、大嘗祭に納める新穀を作る田のことをいう。御斎田の耕作者を大田主《おおたぬし》と呼ぶ。

8 御大礼《ごたいれい》

皇位を象徴する三種の神器などを承け継ぐ「践祚《せんそ》式」、広く天下に即位したことを披露する「即位礼」、そして即位した新天皇が五穀豊穣を神に感謝する「大嘗祭」に至る一連の皇位継承の儀式のことをいう。

9 御用邸《ごようてい》

皇室で用いる別荘的な要素の強い別邸。制度として定まったのは明治二六（一八九三）年のことで、日光・葉山（神奈川県）・沼津（静岡県）の三か所にほぼ同じころに設置された。

10 践祚《せんそ》

践祚とは、皇嗣《こうし》が天皇の位を継承することを意味している。古来の践祚式は、①中臣《なかとみ》の寿詞奏上《よごとそうじょう》と②忌部《いんべ》の神璽《しんじ》の鏡剣《きょうけん》の奉上《ほうじょう》および③即位の宣命《せんみょう》の宣読《せんどく》を主な内容としていた。ところが、桓武天皇以降は、①は大嘗祭で、③は即位礼でそれぞれ行われることになり、神器の伝承を中心とする簡素なものとなった。

11 即位《そくい》

桓武天皇以降、「践祚」と「即位」が分かれて行われることになったため、即位は皇位についた天皇がそれを世に広く宣《の》べしらせる儀礼となった。

12 大嘗宮《だいじょうきゅう》

大嘗祭が行われる仮設の建物のこと。大嘗祭七日前に着工し、二日前に完成する。大嘗祭終了後、ただちに撤去される。

東に悠紀殿《ゆきでん》、西に主基殿《すきでん》、北に廻立殿《かいりゅうでん》を設け、外を柴垣《しばかき》でかこみ、四方に小さい門がある。このほかに膳屋《かしわや》・臼屋《うすや》・廁屋《かわや》などが附属している。

13 大嘗宮《だいじょうきゅう》の儀《ぎ》

大嘗祭の中心的儀式で、天皇が悠紀斎田及び主基斎田で収穫された新穀などを神々に供え、五穀豊穣や国家安寧《あんねい》を祈る「悠紀殿供饌《きょうせん》の儀」と「主基殿供饌の儀」を総称していう。

14 大嘗祭《だいじょうさい》・大嘗会《だいじょうえ》

天皇が即位の後、初めて、大嘗宮において、新穀を天皇の先祖及びすべての神々に供え、自らも召し上がり、天皇の先祖及びすべての神々に対し、世の中が穏やかで安定していることや穀物が豊かに実ったことなどを感謝するとともに、国家・国民のためにこれらを祈る儀式である。

大嘗宮で行われる祭祀を「大嘗祭」といい、前後の一連の儀式及び行事を含む場合は「大嘗会」として区別している。

15 天神地祇《てんじんちぎ》

すべての神々のことをいう。

一般に、天神は高天原《たかまがはら》に生まれた神、あるいは葦原《あしはら》の中《なか》つ国《くに》に天降った神、地祇はこの国土の神とされる。

16 新嘗祭《にいなめさい》

毎年十一月に行われる、宮中恒例祭典の中の最も重要なものである。天皇が入浴して身を洗い清めた後、神嘉殿《しんかでん》において天皇が新穀による飲食物（酒を含む）を神々に供え、召し上がる祭儀で深夜に二回繰り返される。

大嘗祭との違いは、①毎年行われる（大嘗祭が行われる年以外）こと、②新穀は畿内（山城国・摂津国・河内国・大和国・和泉国）の官田《かんでん》（宮内省の直営田）の米・粟を用いていること、③儀式が行われる場所が常設の神嘉殿であること、④豊明節会《とよあかりのせちえ》も含め二日間であることなどが挙げられる。

17 悠紀《ゆき》・主基地方《すきちほう》

大嘗祭の天皇が神に供え、召し上がる神饌に用いられる米・粟を納める全国を代表する二か国（大正時代以降は県）。亀卜により神意を占って定められる。

悠紀の「ユ」は清浄、「キ」は区域を意味し、主基の「スキ」は次を意味するとされている。

一代一度の大祭祀であることから、非常事態に備えて主な所と次の所を用意したと考えられている。

＜即位礼正殿の儀＞宮内庁提供

「即位礼正殿の儀」の天皇陛下のおことば

（令和元（二〇一九）年十月二十二日）

さきに、日本国憲法及び皇室典範特例法の定めるところにより皇位を継承いたしました。ここに「即位礼正殿の儀」を行い、即位を内外に宣明《せんめい》いたします。

上皇陛下が三十年以上にわたる御在位の間、常に国民の幸せと世界の平和を願われ、いかなる時も国民と苦楽を共にされながら、その御心《み》を御自身のお姿でお示しになってきたことに、改めて深く思いを致し、ここに、国民の幸せと世界の平和を常に願い、国民に寄り添いながら、憲法にのっとり、日本国及び日本国民統合の象徴としてのつとめを果たすことを誓います。

国民の叡智《えいち》とたゆみない努力によって、我が国が一層の発展を遂げ、国際社会の友好と平和、人類の福祉と繁栄に寄与することを切に希望いたします。

第一章

歴史資料に見る大嘗祭

公事録附図　臨時公事之図　宮内庁書陵部

大嘗祭は、天皇一代につき一度の儀式であり、天武天皇・持統天皇の時代に成立したとされています。現在の大嘗祭には、様々な儀式がありますが、その歴史を見ていくと古くから変わらず続く伝統的な儀式、形を変えた儀式、消滅してしまった儀式に大別できます。

本章では、歴史資料をもとに近世以前の大嘗祭はどのようなものであったのか、儀式の流れ等について迫っていきます。

中世以前の大嘗会の主な諸儀式及び流れ

（令和の諸儀式はP. 34を参照のこと）

日付	名称	概要
四月（時期の例外はあり）	国郡卜定《こくぐんぼくじょう》	・神饌用の稲を供する斎国である悠紀国・主基国を亀卜により定める
	検校《けんぎょう》行事の任命	※平安宮に実務を掌《つかさど》る悠紀行事所と主基行事所（各十数人）が置かれる
八月上旬	抜穂使《ぬいぼのつかい》を斎国へ派遣	・朝廷より斎国に抜穂使（宮主《みやじ》一人と卜部《うらべ》三人）が派遣される ・御斎田近くに斎場を設置し、「御饌の八神」を祀る八神殿《はっしんでん》などを構える ・御斎田の稲から穂を抜き、稲実殿《いなのみでん》で乾かす
九月上旬	抜穂使ら上京	・斎国の国司・郡司や所役の人々が抜穂使に率いられ上京する ・北野斎場で造酒児《さかつこ》（斎国の郡司の未婚の娘から卜定された少女）らが神酒を醸し、御神衣を織る等、準備にかかる
九月下旬	関係職人上京	・この前後に由加物《ゆかもの》（供物《くもつ》・祭具）や神服を調達するため、河内・和泉・紀伊・淡路・阿波・備前・尾張・三河などの諸国へ由加物使や神服使が派遣され、関係職人を率いて上京する
十月～十一月	荒見川祓《あらみがわはらえ》	・大嘗会に奉仕する上卿《じょうけい》以下の官人が、けがれを除くために、京都の紙屋川《かみやがわ》で行う祓
	酒・食物、神服の準備	・斎場での白酒《しろき》・黒酒《くろき》の醸造、御贄《みにえ》（神や天皇へささげる魚や鳥など）の調備、神服の調製
十月下旬	御禊《ごけい》	・天皇が川に臨んで行われた禊《みそぎ》の儀式（平安中期以降：賀茂川《かもがわ》　江戸中期以降：宮城内）
十月下旬～	散斎《あらいみ》・致斎《ちさい》	・御禊以降、天皇は大嘗祭までの一ヶ月間、清浄を保つため斎戒（飲食や行動を慎み、心身を清めること）を続け（散斎）、特に大嘗祭三日前には念入りに身を浄めて厳しく行動を慎む（致斎）
大嘗会七日前	大嘗宮造営	・悠紀殿・主基殿、廻立殿、膳屋等、儀式に必要な建物の造営を大嘗祭二日前までに終える（平安時代～中世：平安宮大内裏の大極殿《だいごくでん》（殿址《でんし》）南庭／近世の再興後：内裏の紫宸殿《ししんでん》南庭） ※造営も撤去も悠紀・主基の斎国の人夫によっておこなわれる
大嘗祭前日	鎮魂祭	・天皇の霊魂が体外に出ていかないよう鎮めて安らかにする儀式
大嘗祭当日～翌早朝（十一月中旬または下旬の卯日）	大嘗祭	・天皇が即位ののち初めて新穀（悠紀国・主基国で収穫された米や粟）を天神地祇に供え、自らも召し上がる天皇一代一度の儀式
大嘗宮の儀の後（十一月中旬または下旬の辰日）	悠紀節会	・悠紀節会・主基節会、両日とも天皇は悠紀御帳《みちょう》と主基御帳に順次入り、それぞれで饗宴がおこなわれる ※風俗歌屏風、御挿華《かざし》・洲濱《すはま》、悠紀・主基地方の俚謡《りよう》等を参考にした風俗舞が披露される 相違点：悠紀節会→中臣寿詞《なかとみのよごと》奏上　主基節会→倭舞《やまとまい》・田舞
大嘗祭翌々日（十一月中旬または下旬の巳日）	主基節会	
大嘗祭の三日後（十一月中旬または下旬の巳日）	豊明《とよあかり》節会	・豊明は宴会の意で豊明節会とは大嘗祭ののちに行われる饗宴 ※五節舞を含めていくつかの歌舞があり、諸臣への賜禄・叙位なども行われる
十一月晦日	大祓《おおはらえ》	・在京の諸司（役人）を集めて祓を受け、即位礼及び大嘗祭のすべての儀式が終了する

皇室事典編集委員会（二〇一九）をもとに作成

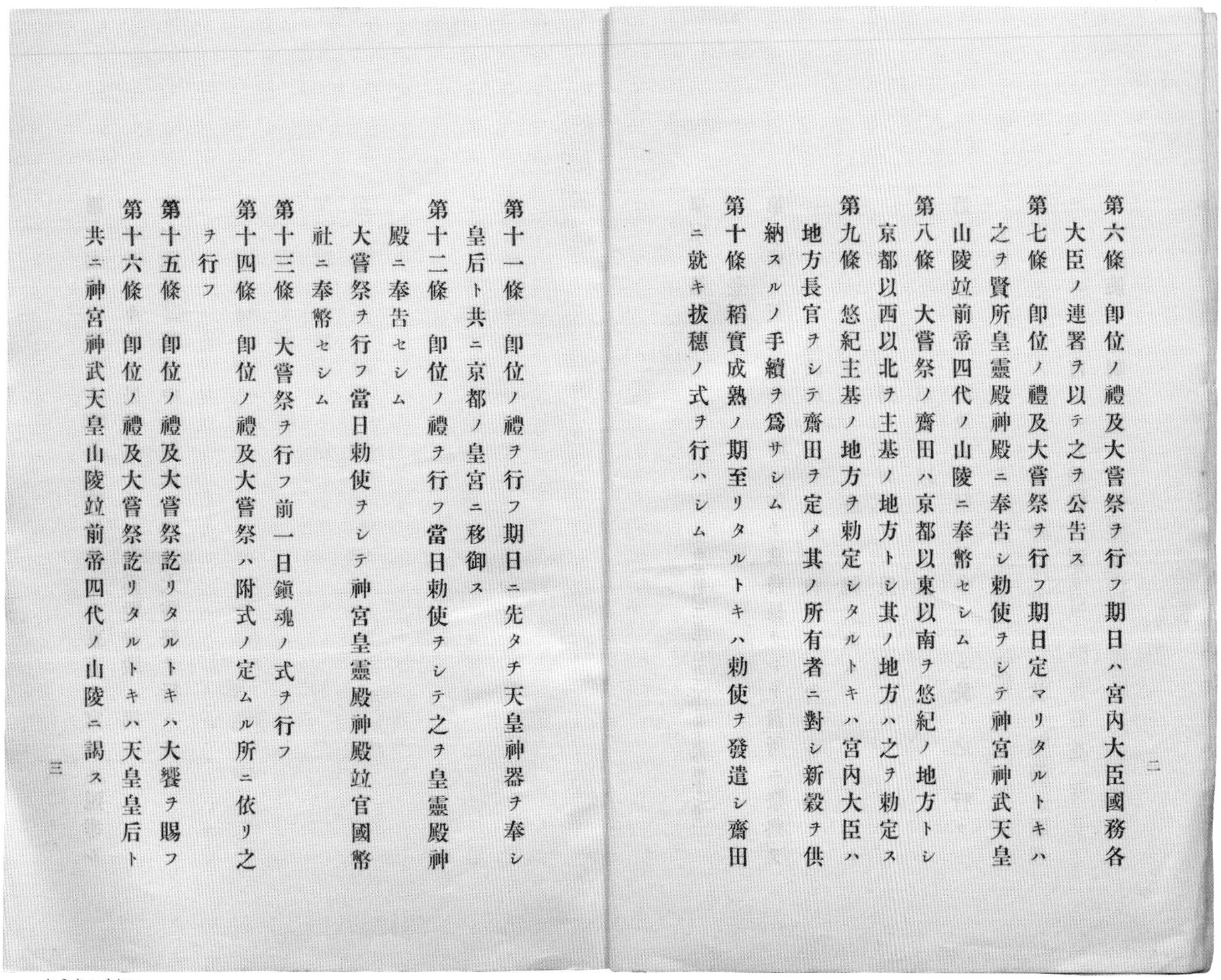

第六條　即位ノ禮及大嘗祭ヲ行フ期日ハ宮内大臣國務各
大臣ノ連署ヲ以テ之ヲ公告ス
第七條　即位ノ禮及大嘗祭ヲ行フ期日定マリタルトキハ
之ヲ賢所皇靈殿神殿ニ奉告シ勅使ヲシテ神宮神武天皇
山陵竝前帝四代ノ山陵ニ奉幣セシム
第八條　大嘗祭ノ齋田ハ京都以東以南ヲ悠紀ノ地方トシ
京都以西以北ヲ主基ノ地方トシ其ノ地方ハ之ヲ勅定ス
第九條　悠紀主基ノ地方ヲ勅定シタルトキハ宮内大臣ハ
地方長官ヲシテ齋田ヲ定メ其ノ所有者ニ對シ新穀ヲ供
納スルノ手續ヲ爲サシム
第十條　稻實成熟ノ期至リタルトキハ勅使ヲ發遣シ齋田
ニ就キ拔穗ノ式ヲ行ハシム

二

第十一條　即位ノ禮ヲ行フ期日ニ先タチ天皇神器ヲ奉シ
皇后ト共ニ京都ノ皇宮ニ移御ス
第十二條　即位ノ禮ヲ行フ當日勅使ヲシテ之ヲ皇靈殿神
殿ニ奉告セシム
大嘗祭ヲ行フ當日勅使ヲシテ神宮皇靈殿神殿竝官國幣
社ニ奉幣セシム
第十三條　大嘗祭ヲ行フ前一日鎭魂ノ式ヲ行フ
第十四條　即位ノ禮及大嘗祭ハ附式ノ定ムル所ニ依リ之
ヲ行フ
第十五條　即位ノ禮及大嘗祭訖リタルトキハ大饗ヲ賜フ
第十六條　即位ノ禮及大嘗祭訖リタルトキハ天皇皇后ト
共ニ神宮神武天皇山陵竝前帝四代ノ山陵ニ謁ス

三

1　登極令《とうきょくれい》　明治42(1909)年　宮内庁宮内公文書館

明治42(1909)年に公布された天皇の践祚および即位礼と大嘗祭・元号に関して規定した旧皇室令である。全十八条、付式二編。各儀式の次第などが詳細に規定されている。昭和22(1947)年に廃止されたため、現在は効力を有しないが、皇位継承儀礼は登極令に準じて行われるものも多いとされる。第八条では悠紀・主基地方の境界について規定しており、京都以東・以南を悠紀地方、京都以西・以北を主基地方としていることがわかる。

悠紀国

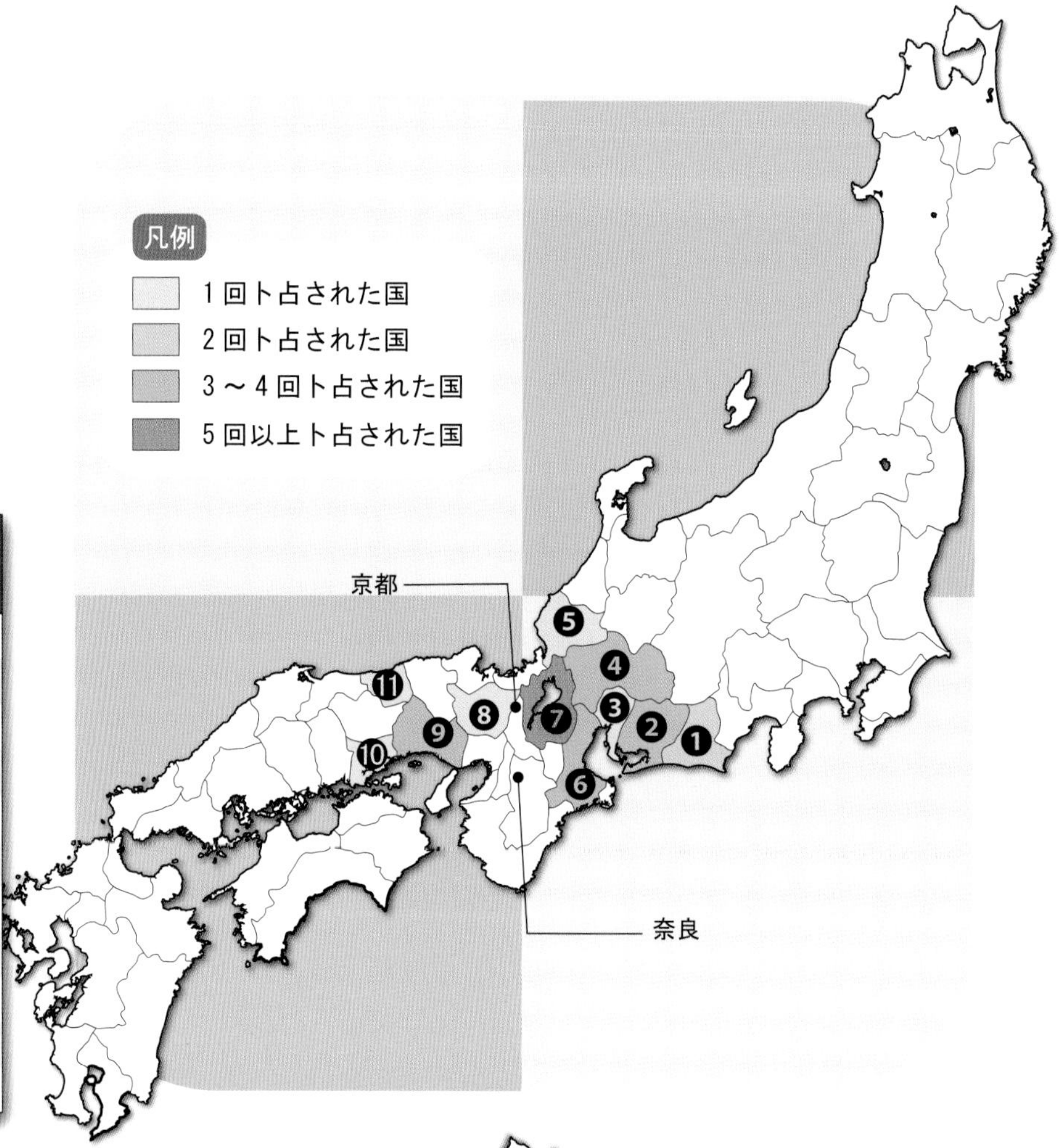

地図	国名	卜占された回数
①	遠　江	2
②	三　河	3
③	尾　張	1
④	美　濃	3
⑤	越　前	1
⑥	伊　勢	3
⑦	近　江	50
⑧	丹　波	1
⑨	播　磨	3
⑩	備　前	1
⑪	因　幡	1

主基国

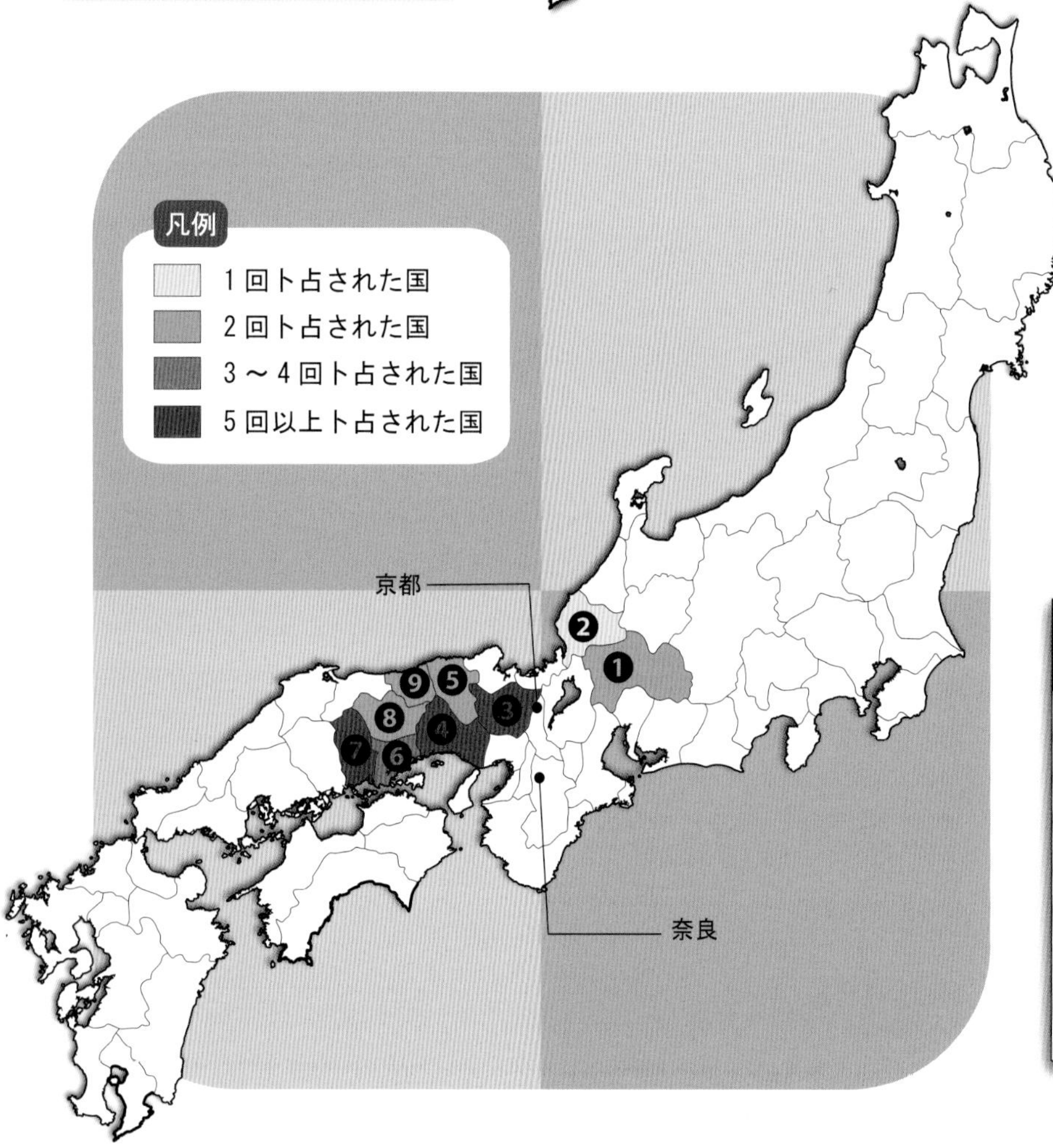

地図	国名	卜占された回数
①	美　濃	2
②	越　前	1
③	丹　波	33
④	播　磨	5
⑤	但　馬	2
⑥	備　前	3
⑦	備　中	18
⑧	美　作	2
⑨	因　幡	2

西牟田崇生（1974）をもとに作成

近世以前の悠紀・主基国の位置と卜占された回数

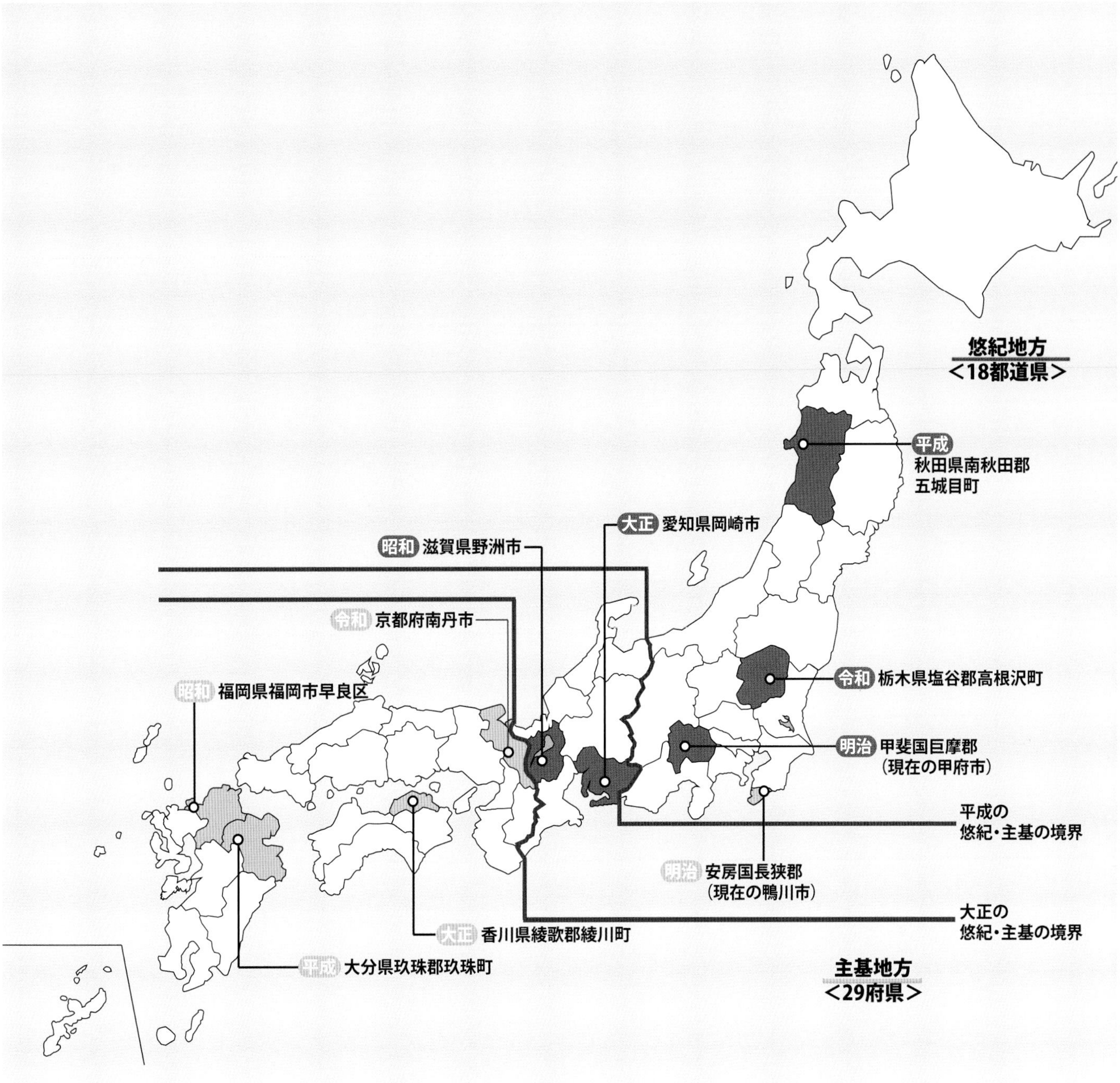

明治時代以降の悠紀・主基地方及び御斎田の位置

古くから悠紀・主基の国を斎国《さいこく》と呼び、原則的に悠紀地方は東から、主基地方は西から選んだ。令制５か国〈山城《やましろ》国（京都府）・大和《やまと》国（奈良県）・摂津《せっつ》国・和泉《いずみ》国・河内《かわち》国（３か国とも大阪府）〉は選外地とされた。平安時代の宇多《うだ》天皇以降は近江《おうみ》国（滋賀県）が悠紀地方、丹波《たんば》国（京都府）と備中《びっちゅう》国（岡山県）（例外的に冷泉《れいぜい》天皇の時に播磨《はりま》国（兵庫県））が交互に主基地方とされ、その国の中で郡を卜定された。明治に入って全国から選ばれるようになり、大正・昭和の御大礼は京都御所で斎行されたことから京都を中心とした境界としている。

平成以降の御大礼は東京で斎行することになったため、東西の境界の見直しが行われ、新潟、長野、静岡を含む東側の18都道県から悠紀地方を、富山、岐阜、愛知を含む西側の29府県から主基地方を選ぶこととなった。

国郡卜定《こくぐんぼくじょう》

悠紀・主基の国郡は亀卜《きぼく》により占われ定められた。
平安時代中期以降は、国も固定され郡のみが卜定された。

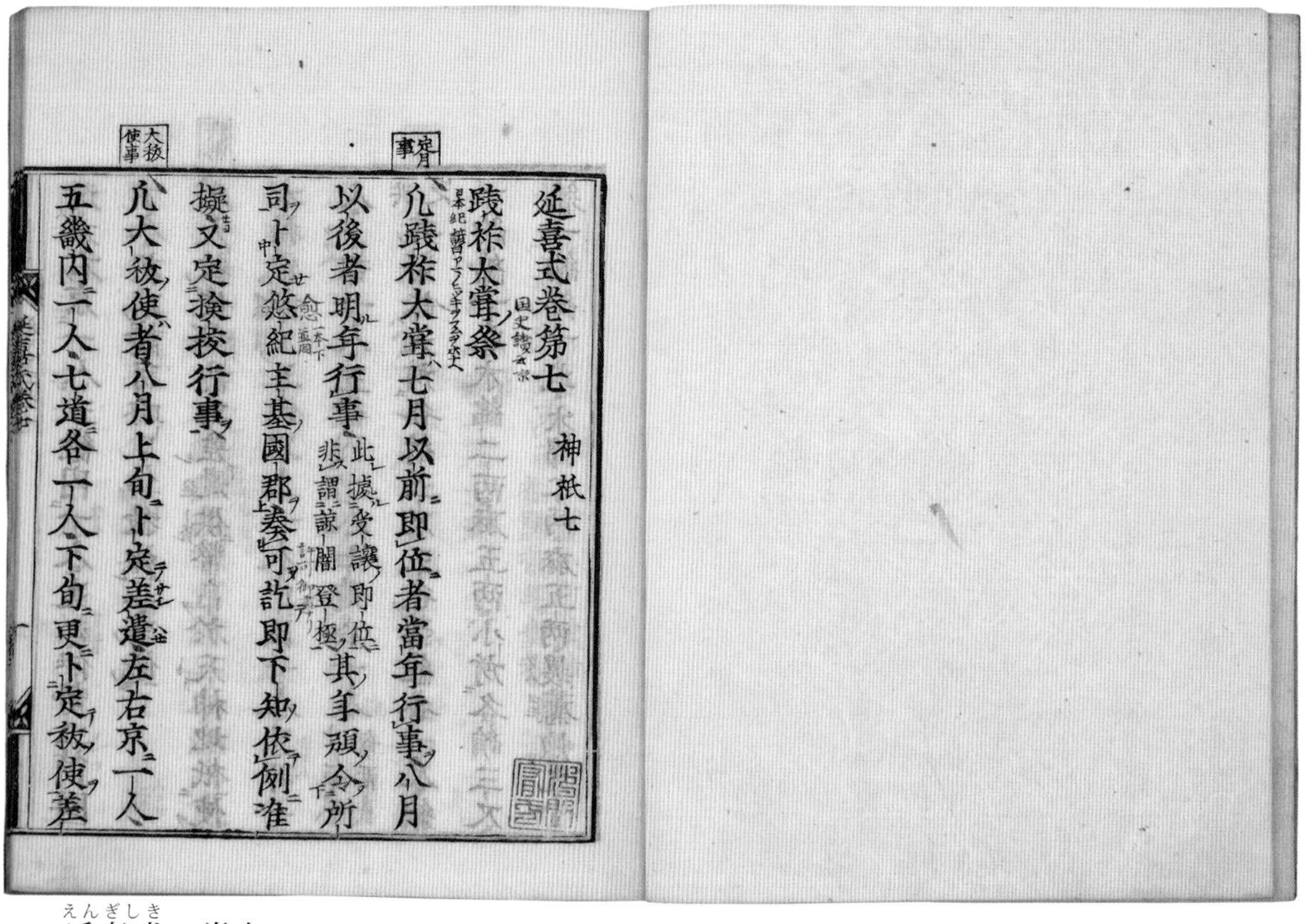

延喜式巻第七　神祇七

踐祚大嘗祭

凡踐祚大嘗祭七月以前即位者當年行事八月以後者明年行事此據受讓即位非謂諒闇登極其年預令所司卜定悠紀主基國郡奏可訖即下知依例准擬又定撿挍行事

凡大祓使者八月上旬卜定差遣左右京一人五畿内一人七道各一人下旬更卜定祓使差

2　延喜式《えんぎしき》　巻七　正保 4(1647) 年　千葉県立中央図書館

平安中期の律令の施行細則で、藤原時平《ふじわらのときひら》らが醍醐《だいご》天皇の命により編纂を始め、時平の死後藤原忠平《ただひら》らにより延長《えんちょう》5(927) 年に完成した。弘仁式《こうにんしき》・貞観式《じょうがんしき》を踏まえて編まれたもので、のちの律令政治の基本法となった。

当巻の巻頭では、一世一代の践祚大嘗祭《せんそだいじょうさい》にあたり「あらかじめ所司をして悠紀・主基国郡を卜定《ぼくじょう》せしむ」とあり、悠紀・主基両国郡を卜定すべきことを規定している。卜定とは、亀卜によって占い定めることである。

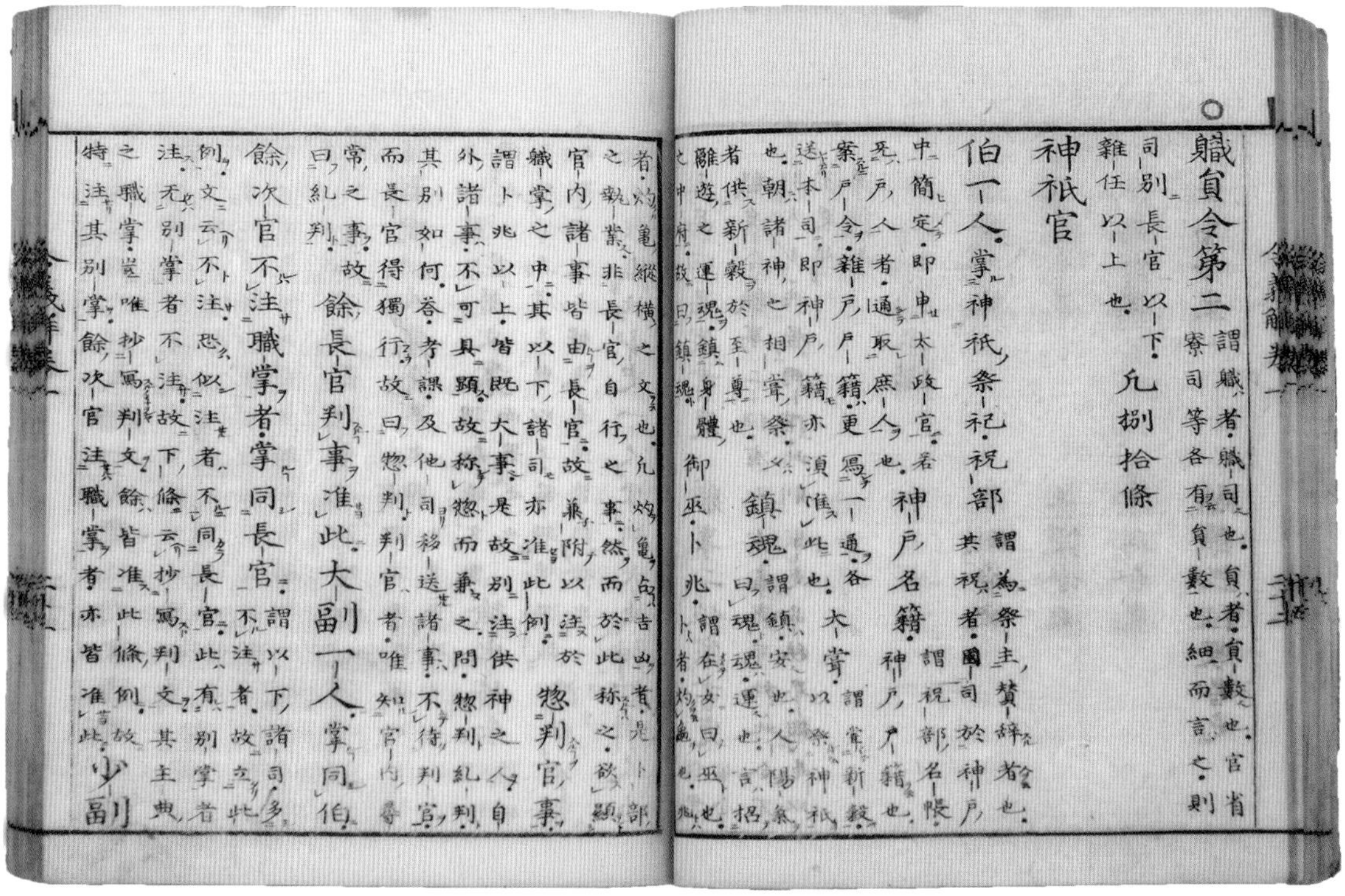

職員令第二

神祇官

伯一人。掌神祇祭祀、祝部

3　令義解《りょうのぎげ》　巻一　寛政 12(1800) 年　千葉県立中央図書館

日本古代国家の基本法である『養老令《ようろうりょう》』の公的な解釈を示した書物である。天長《てんちょう》10(833) 年に成立した。

律令における神祇官《じんぎかん》の長官神祇伯《はく》の職掌《しょくしょう》の中に「新穀を嘗して以て神祇を祭るなり。朝は諸神の相嘗祭《あいなめのまつり》、夕は新穀を至尊《しそん》（天皇）に供す」とあり、朝夕二度の祭事の様子が知られるが、二度の祭事のための神饌をそれぞれ別々の田から収穫しようとしたところから、悠紀・主基と二地方を卜定するに至ったとする説もある。

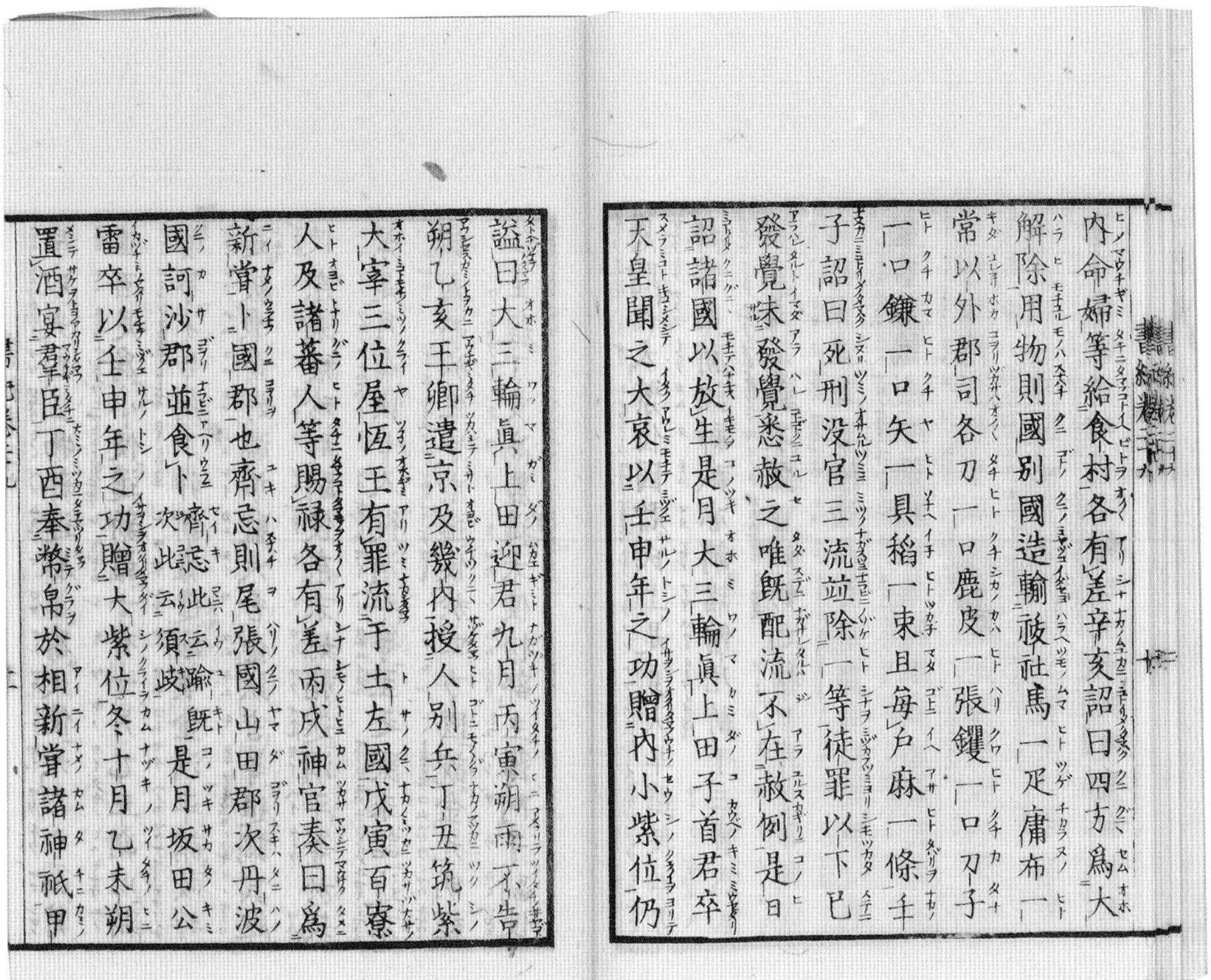
内命婦等給食封各有差辛亥詔曰四方爲大
解除用物則國別國造輸祓柱馬一疋布一
常以外郡司各刀一口鹿皮一張钁一口刀子
一口鎌一口矢一具稲一束且毎戸麻一條壬
子詔曰死刑没官三流並除一等徒罪以下已
發覺未發覺悉赦之唯既配流不在赦例是日
詔諸國以放生是月大三輪眞上田子人君卒
天皇聞之大哀以壬申年之功贈内小紫位仍
謚曰大三輪眞上田迎君九月丙寅朔雨不告
朔乙亥王卿遣京及畿内挍人別兵丁丑筑紫
大宰三位屋垣王有罪流于土左國戊寅百寮
人及諸蕃人等賜祿各有差丙戌神官奏曰爲
新嘗卜國郡也齋忌則尾張國山田郡次丹波
國訶沙郡並爲卜是月坂田公
雷卒以壬申年之功贈大紫位冬十月乙未朔
置酒宴群臣丁酉奉幣帛於相新嘗諸神祇甲

4　日本書紀《にほんしょき》　巻二九

文政 3(1820) 年　当館

天武紀《てんむき》五 (676) 年九月の条に、斎忌《ゆき》（悠紀）・須岐《すき》（主基）の名称で国郡を卜定したことが見られる。この記述では、毎年の新嘗祭に際しても国郡卜定が行われていたとしている。当時は大嘗祭と新嘗祭が未分化で、大嘗祭が天皇一代ごととなったのは次の持統《じとう》天皇の御代と考えられる。

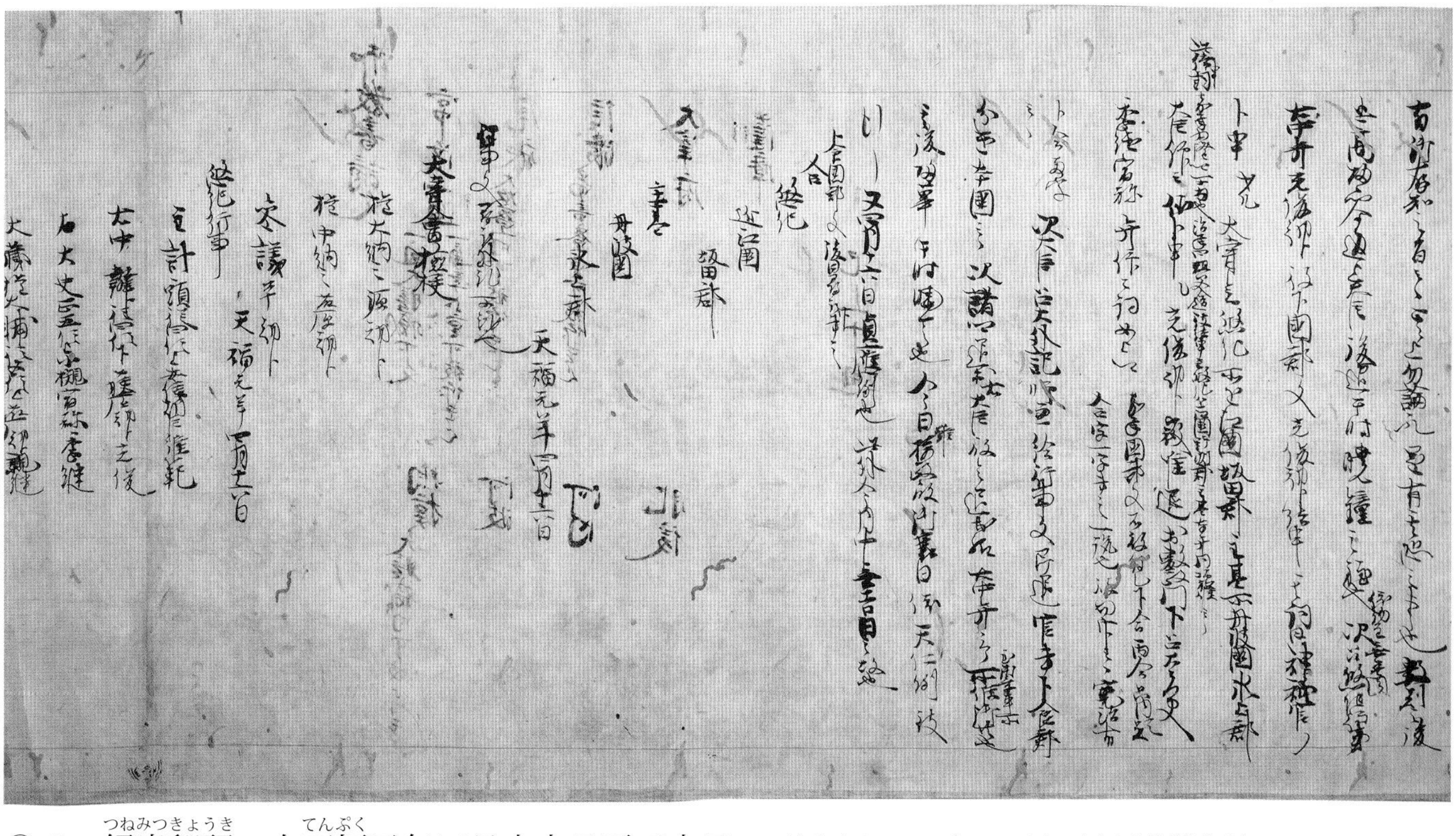

◎5　経光卿記《つねみつきょうき》　自天福《てんぷく》元年四月十六日至三十日　天福元 (1233) 年　国立歴史民俗博物館

民部卿権中納言広橋《みんぶきょうごんのちゅうなごんひろはし》 (勘解由小路《かげゆこうじ》) 経光 (1213 ～ 74) の日記である。「民経記」「中光記」ともいう。嘉禄《かろく》 2(1226) 年から文永《ぶんえい》 5(1268) 年までの約 40 年間にわたる日記で、鎌倉時代中期の公家社会の動向及び朝政、諸儀式等が詳しく記されている。

本資料の天福元年四月十六日の条には、四条《しじょう》天皇の「大嘗会国郡卜定」について書かれている。亀卜《きぼく》により悠紀地方は近江国坂田郡（現滋賀県米原《まいばら》市・長浜市・彦根市の一部）、主基地方は丹波国氷上《ひかみ》郡（現兵庫県丹波市）としている。本場面の前の記述によると、右大臣近衛兼経《このえかねつね》があらかじめ近江国から愛智《えち》郡（現滋賀県愛荘《あいしょう》町）・坂田郡、丹波国から多紀郡（現兵庫県丹波篠山《たんばささやま》市）・氷上郡を選び、それぞれ２つの郡から卜定がおこなわれていたことがわかる。

描かれた御斎田関係の諸儀

＜皇居内に建設された神殿＞

＜「斎田点定の儀」の祭場＞

6　明治大嘗祭図《めいじだいじょうさいず》　下　明治 27(1894) 年　宮内庁宮内公文書館

明治 4(1871) 年に斎行された大嘗祭の主要な場面・品々を描いた彩色の絵図。下巻では、大嘗祭のうち特に御斎田に関係する儀式や建物、品々を描いている。本場面は、皇居内に建設された神殿と「斎田点定の儀」が行われた祭場である。

掌典《しょうてん》長（黒の束帯の人物）に率いられた灼手《やきて》と卜者《ぼくしゃ》の掌典（白い束帯の人物）が画面左の斎舎《さいしゃ》に参入し、卜定神を祀り、神饌《しんせん》を供し祝詞《のりと》を奏する。その後、卜事に入る。掌典の前に置いてある火爐《かろ》の中で亀甲を灼き、その亀裂により悠紀・主基両地方を各々卜定するとされている。

7　悠紀斎田記念画帳《ゆきさいでんきねんがちょう》　大正 4 (1915) 年　当館

本資料には、大正時代の大嘗祭において悠紀地方となった愛知県碧海郡《へきかいぐん》六ッ美村（現岡崎市）の斎田で新穀が刈り取られるまでの一連の流れが 15 の場面に分けて描かれている。六ッ美村在住であった画家松村櫻雨《まつむらおうう》によるものである。

本場面は、「斎田抜穂ノ儀《さいでんぬいぼのぎ》」である。「斎田抜穂ノ儀」では、大田主《おおたぬし》、奉耕者《ほうこうしゃ》 10 人が斎田にて稲穂を刈り取り、抜穂使の確認ののちに「稲實殿」に納められた。

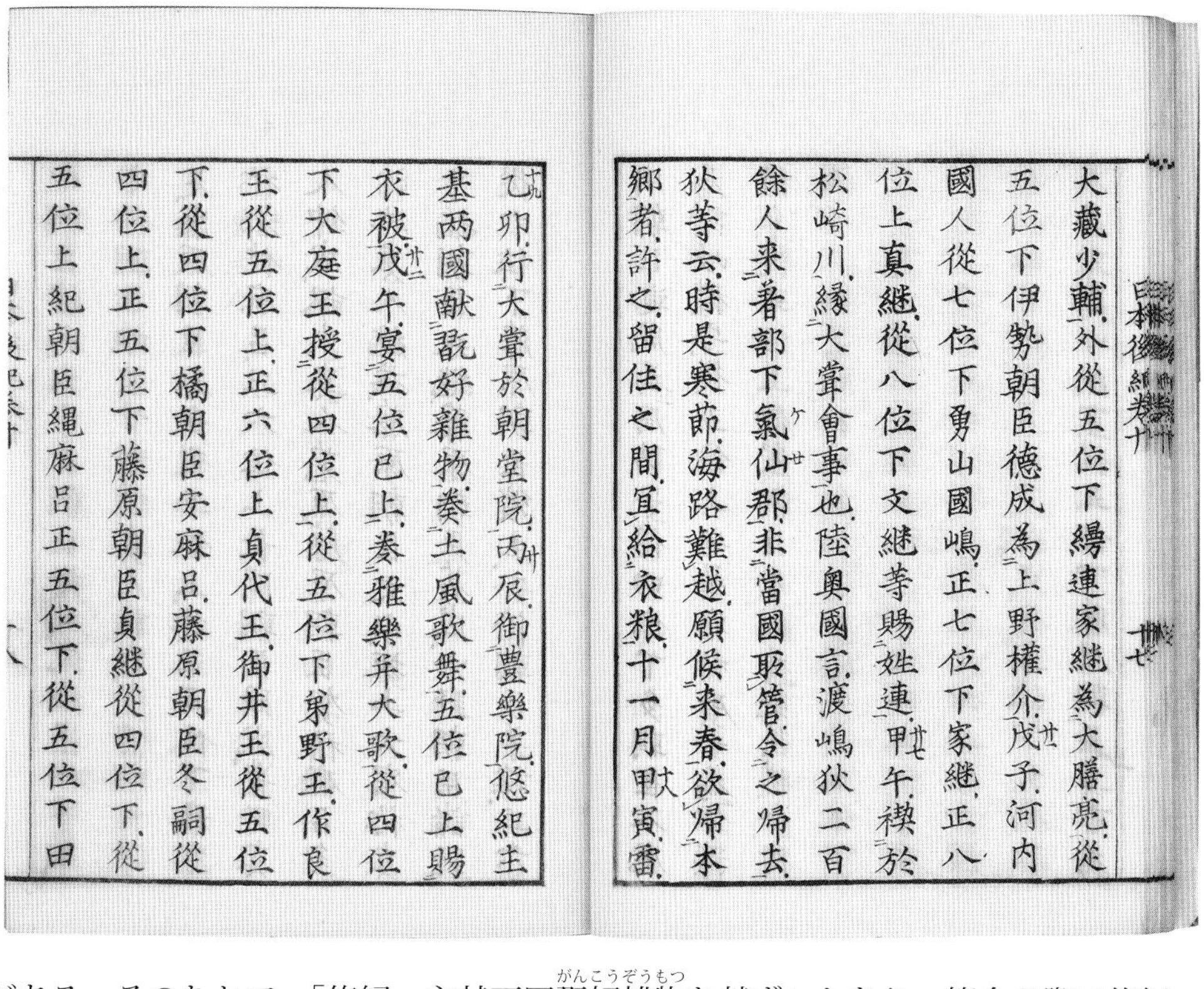

日本後紀巻廿

大藏少輔外從五位下縵連家繼爲大膳亮從五位下伊勢朝臣德成爲上野權介戊子河内國人從七位下勇山國嶋正七位下家繼正八位上眞繼從八位下文繼等賜姓連甲午禊於松崎川縁大嘗會事也陸奥國言渡嶋狄二百餘人来着部下氣仙郡非當國所管令之帰去狄等云時是寒節海路難越願候来春欲帰本郷者許之留住之間宜給衣粮十一月甲寅雷

乙卯行大嘗於朝堂院丙辰御豊樂院悠紀主基兩國献翫好雜物奏土風歌舞五位已上賜衣被戊午宴五位已上奏雅樂幷大歌從四位下大庭王授從四位上從五位下夘野王作良王從五位上正六位上貞代王御井王從五位下從四位下橘朝臣安麻呂藤原朝臣冬嗣從四位上正五位下藤原朝臣眞繼從四位下從五位上紀朝臣繩麻呂正五位下從五位下田

8　日本後紀《にほんこうき》　巻二〇

寛政 11（1799）年

千葉県立中央図書館

本資料は、『続日本紀《しょくにほんぎ》』の次に編修された勅撰の歴史書である。桓武天皇の延暦 11（792）年正月から淳和《じゅんな》天皇の天長《てんちょう》 10（833）年 2 月まで、4 代の天皇による 42 年間の歴史が記されている。

弘仁《こうにん》元 (810) 年十一月丙辰《へいしん》二十日条には嵯峨《さが》天皇の大嘗祭における悠紀節会に関する記載がある。そのなかで、「悠紀・主基両国翫好雑物《がんこうぞうもつ》を献ず」とあり、節会の際に悠紀・主基両国から様々な好《よ》き品 (特産物と思われる) が献上されたとしている。こうした記録は、この回以外にもみられることから、大嘗祭に際して、悠紀・主基両国から米・粟の新穀以外にも献上される物があることが恒例であった様子がうかがわれる。

コラム1　大嘗宮の儀式

大嘗祭の重要儀式である大嘗宮における儀式の流れは次の通りである。

■戌刻《いぬのこく》（午後八時）

「廻立殿《かいりゅうでん》渡御《とぎょ》」

・天皇が廻立殿において湯で身を浄め、白い祭服に改める

「悠紀殿渡御」

・天皇が悠紀殿へと進む

※天皇が殿内に入って神事が始まる前
　南門が開かれ、皇太子以下諸臣は大嘗院に入場
　定位置につく

　この時、左記の歌舞が奏上される

「隼人《はやと》の犬吠《いぬぼえ》」（解説①）

「吉野《よしの》の国栖奏《くずそう》」（解説②）

「諸国の語部の古詞《こし》」（解説③）

・悠紀・主基の斎国による「国風」など地方の芸能

「隼人の歌舞」（解説①）

悠紀殿の儀

■亥刻《いのこく》（午後九時～十一時）

「神饌行立《しんせんぎょうりゅう》」

・安曇《あずみ》・高橋両氏が内膳司《ないぜんし》の官人と采女を率いて悠紀殿に神饌（米・粟の御飯と白酒《しろき》・黒酒《くろき》など）を運び込む

「神饌親供共食《しんくきょうしょく》の儀」

・陪膳《はいぜん》の采女たちが奉仕して、神座《かみくら》と御座《ぎょざ》に米と粟の飯・

<大嘗会　渡御悠紀殿之図>

9　公事録附図《くじろくふず》　臨時公事之図《りんじくじのず》　明治20（1887）年　宮内庁書陵部

江戸時代の宮廷行事を記録するために、岩倉具視《いわくらともみ》の命により中山忠能《なかやまただやす》らが編纂した儀式書の附図である。臨時行事には、大嘗会をはじめ譲位、即位などが描かれており、そのうち大嘗会の図は九図ある。「国郡卜定《こくぐんぼくじょう》」「荒見川祓《あらみがわはらえ》」「御禊《ごけい》」「渡御悠紀殿《ゆきでんとぎょ》」「主基国風俗舞《すきこくふぞくまい》」「辰日奏壽詞《たつのひよごとをそうす》」「巳日田舞《みのひたまい》」「清暑堂御遊《せいしょどうぎょゆう》」「豊明節会久米舞《とよあかりのせちえくめまい》」がそれにあたる。

当場面は、「渡御悠紀殿」である。文字通り悠紀殿供饌の儀のために天皇が悠紀殿に向かう姿を描いている。天皇が悠紀殿に渡御するのは、大嘗会当日の夜である。

粥に黒酒・白酒を中心とした神と天皇の膳を並べる
・悠紀殿内陣の御座に着いた天皇が神座の祭神（天照大神）に対して神饌を一々丁重に供え、天皇自らも箸をとって召し上がる形をとる
※悠紀殿内部の配置図は、P.38を参照

■子刻《ねのこく》（午後十一時～十一時半）
「廻立殿還御」
・天皇が廻立殿に戻って少し休憩をし、再び湯で身を浄め、白い祭服に改める

主基殿の儀

■丑刻《うしのこく》～寅刻《とらのこく》（午前二時～四時）
※「悠紀殿渡御」～「神饌親供共食の儀」に至る神事や、諸国の芸能奏上は、主基殿においても主基の神事として同様に行われる

皇室事典編集委員会（二〇一九）を参考に作成

★解説★
①隼人の犬吠・隼人の歌舞
隼人とは、古代の鹿児島に住んでいた人々で宮中の護衛などに従事したとされる。彼らの犬の鳴き声のような声に魔除けの効果があると考えられていた。舞は中世に途絶したため詳細は不明である。
②吉野の国栖奏
古代の宮廷の節会に国栖人によって行なわれた歌舞。応神天皇十九年（二八八）の吉野行幸のときに、国栖の人々が大神酒を醸して献上したときに歌った故事から由来するといわれる。
③諸国の語部の古詞
語部は文字記録がなさなかった時代に、口頭で歴史を記憶し、語り継ぐことで伝承した品部によって語られたものと考えられる。

本図中央の御菅蓋《かんがい》と呼ばれる傘の下の斎服を着用した人物が天皇である。前方には、宝剣・神璽をささげて持つ侍従が、さらに前方には脂燭《ししょく》とよばれる松の割木に蠟《ろう》を含ませた燎火《かがりび》を持つ侍従が左右一人ずつ進む。通路には布単《ぬのひとえ》が敷かれているが、天皇が進御するところにはさらに緑色の葉薦《はごも》が敷かれる。前方２人の小忌人《おみびと》（神事に奉仕する官人）が葉薦を敷いて、後方２人の小忌人《おみびと》が巻いている様子がうかがわれる。そのほか、御巫《みかんなぎ》(神祇官に属し、神事に奉仕した女官)以外は、すべて祭祀担当氏族としての伝統を有する人々が列している。

画面左側の建物の千木《ちぎ》（大棟の上にあげられたＸ字形に交叉する組木）は、水平に切られていることが見てとれる。この建物が悠紀殿である。一方、千木が垂直に切られている画面右側の建物は主基殿である。

コラム2 大嘗会和歌

天皇の代替わりごとに行われる大嘗会（大嘗祭）に際し、「大嘗会和歌」（風俗和歌《ふぞくわか》・屏風和歌《びょうぶわか》）が新作され、詠進《えいしん》された。いつからこの和歌が詠まれるようになったか判然としないが、『古今和歌集』巻二十に「真金《まがね》吹く吉備《きび》の中山帯にせる　細谷《ほそたに》川の音のさやけさ」という歌があり、註に「このうたは、承和《じょうわ》の御べの吉備の国のうた」とある。天長《てんちょう》十（八三三）年の仁明《にんみょう》天皇の大嘗会の主基地方が備中であるため、これが現在確認されている最古の風俗和歌の詠進とされる。大嘗会和歌には風俗和歌と御屏風和歌の二種類ある。当初はその員数も定まらなかったとされるが、長和《ちょうわ》元（一〇一二）年の三条天皇、長和五（一〇一六）年の後一条天皇に至って風俗和歌十首、屏風和歌十八首というスタイルが定着した。また、大嘗会和歌には、悠紀・主基両地方より提出された『注進風土記《ちゅうしんふどき》』（由緒ある地名を列記したもの）の地名をもとに詠まれているため、原則的にすべての歌に悠紀・主基各地方の地名が含まれている。

風俗和歌は、稲春歌《いねつきうた》一首、神楽歌《かぐらうた》一首、風俗和歌八首（辰日風俗四首、巳日風俗四首）の計十首よりなる。稲春歌は、大嘗祭の「神饌行立」に先立ち、悠紀・主基両斎国内に点定された斎田から収穫された稲を膳屋《かしわや》において脱穀《だっこく》する際に歌われる。神楽歌一首は、用途はあまりよくわかっていない。風俗和歌八首は、各四首が辰日・巳日節会の風俗舞歌である。

御屏風和歌については、大嘗会屏風との兼ね合いがある。大嘗会屏風は、平安時代後半には、一隻につき二ヶ月分が描かれ、十二ヶ月分で六隻あった。一隻ごとに三首の歌が詠まれて色紙形に浄書され、屏風に貼られるため、合計すると十八首となる。

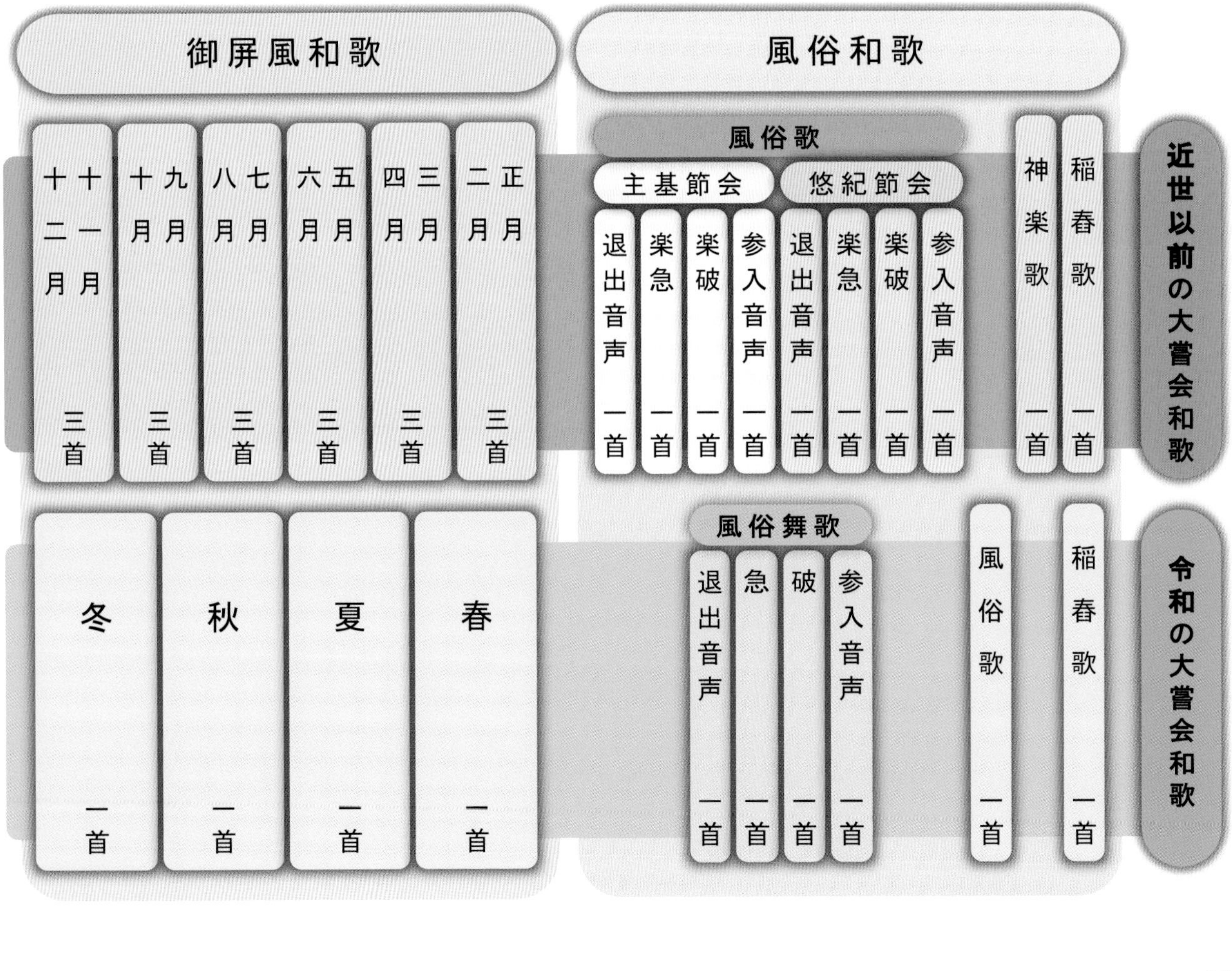

八木意知男「昭和度大嘗会和歌の構造」『図説天皇の即位礼と大嘗祭』（一九八八）一八八―一九三頁を参考に作成

稲舂歌

大嘗祭の卯日《うのひ》に稲を膳屋において舂く時に、造酒兒《さかつこ》（後に采女《うねめ》）によって謡われる歌で、悠紀・主基各地方の名所を歌詞の中に詠みこんで天皇の治世を祝う歌である。

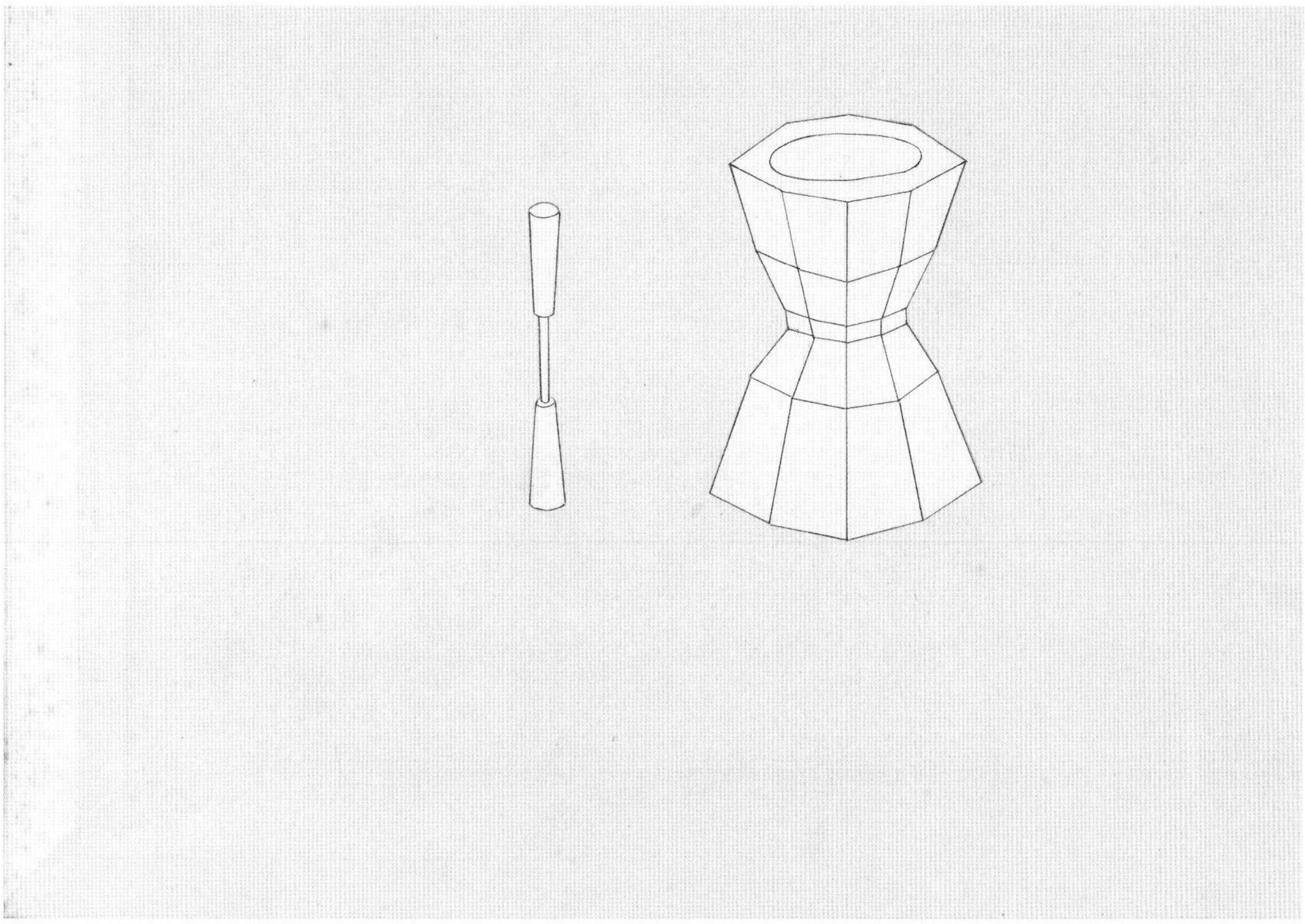

10　大正大礼記録《たいしょうたいれいきろく》　絵図　四　大正 7(1918) 年　宮内庁宮内公文書館

大正 4（1915）年 11 月 10 日に大正天皇の即位礼が、11 月 14・15 日には大嘗祭が行われた。大正 5(1916) 年 5 月には大礼記録編纂委員会が設置され、大礼準備から実施、事後処理に至るまでが記録され、大正大礼の全容が編纂された。

本場面には、大嘗祭の際、采女が稲舂に使用した杵《きね》と臼《うす》が描かれている。

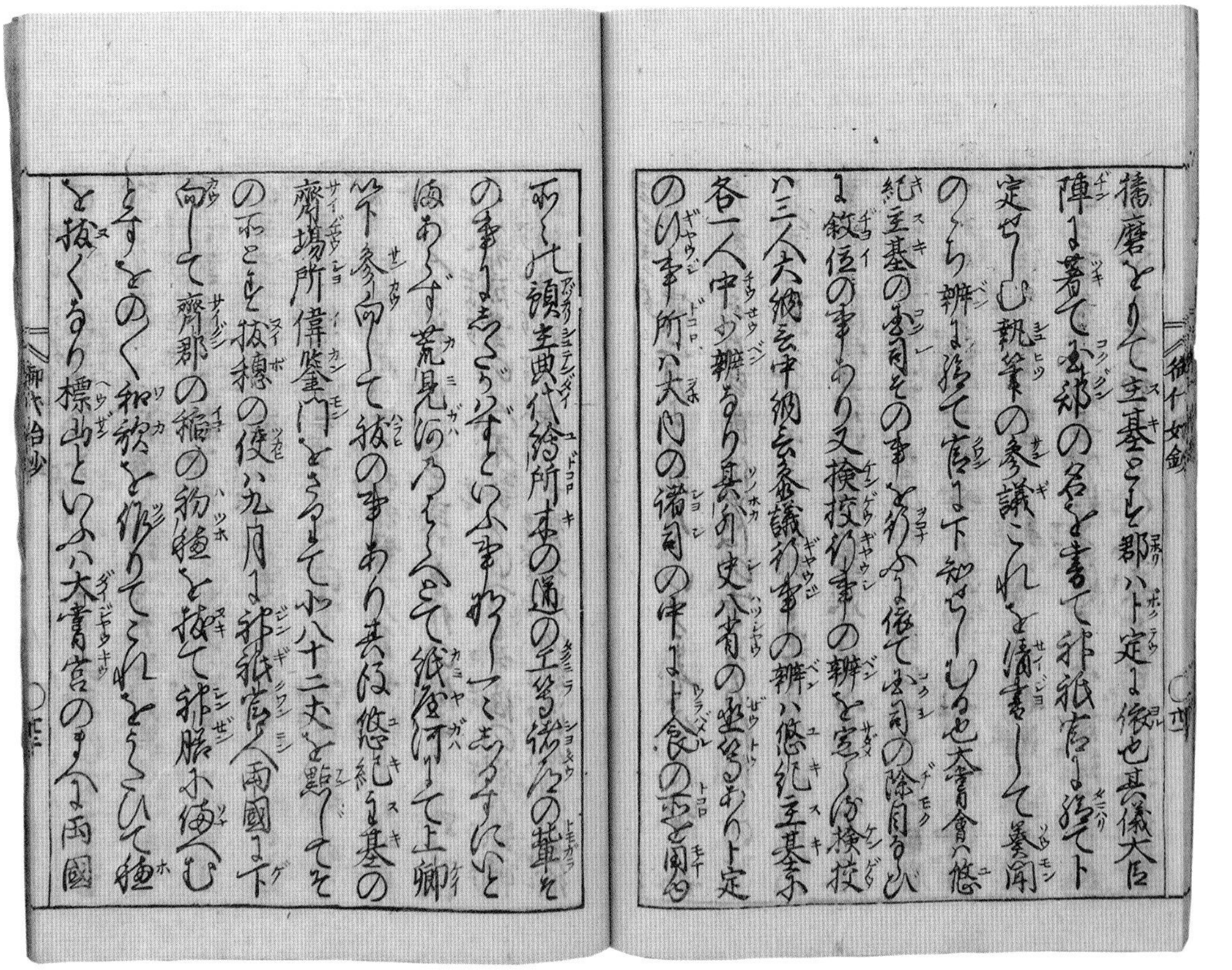

11　御代始鈔《みよはじめしょう》

宝永 8（1711）年　当館

本書は、一条兼良《いちじょうかねよし》(1402 ～ 1481) が文明 10（1478）年の即位礼・大嘗祭等、天皇の代替わり儀式（譲位～践祚～即位～大嘗会）を詳細に記した解説書である。

本資料に「抜穂の使は九月に神祇官人両国に下向して斎郡の稲の初穂を抜《ぬき》て神膳に備えむとす。をのをの和歌を作りてこれをうたひて穂を抜くなり」とあることから、稲舂歌は、元来、斎田の稲穂を抜く際に謡われた歌であったと考えられる。

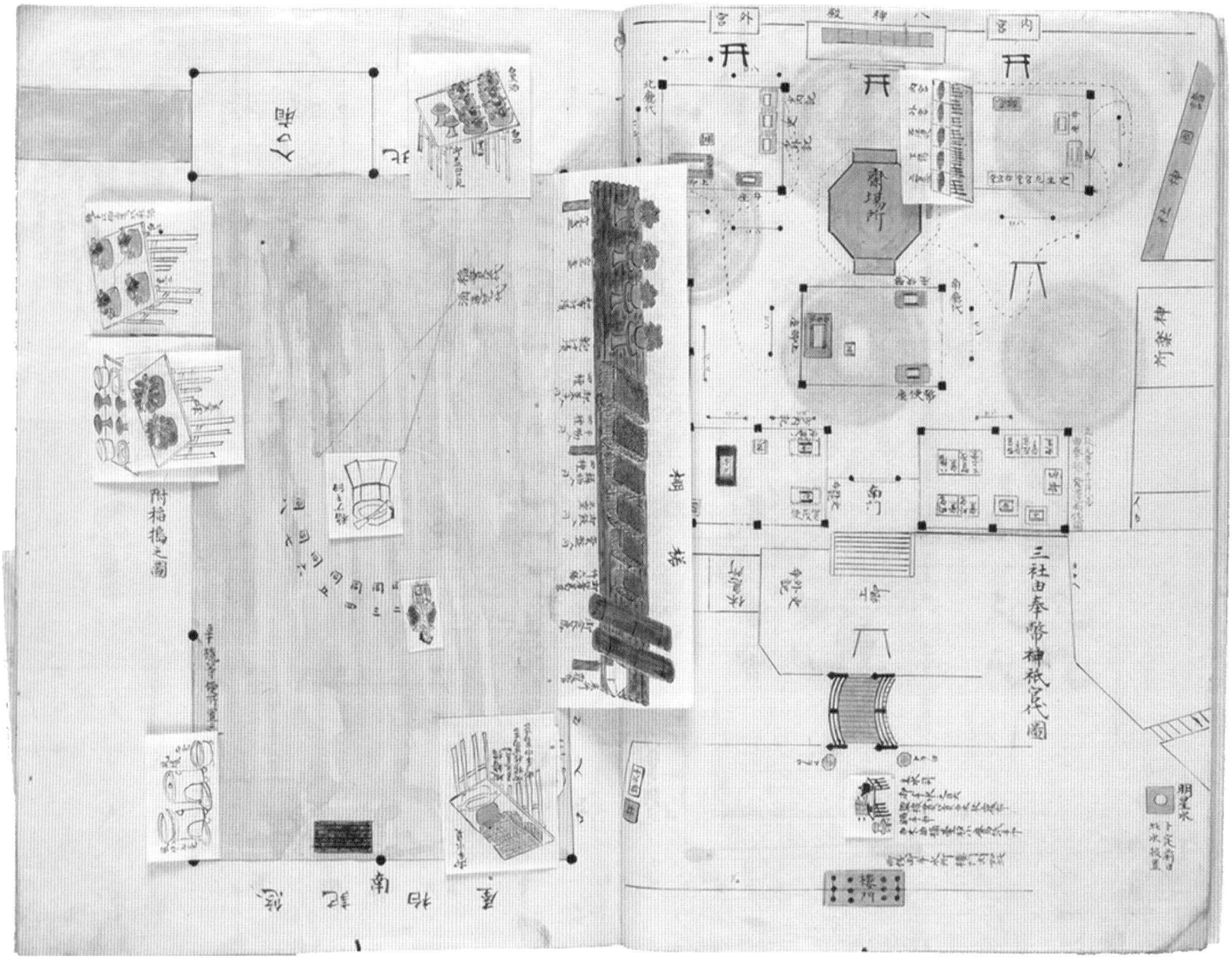

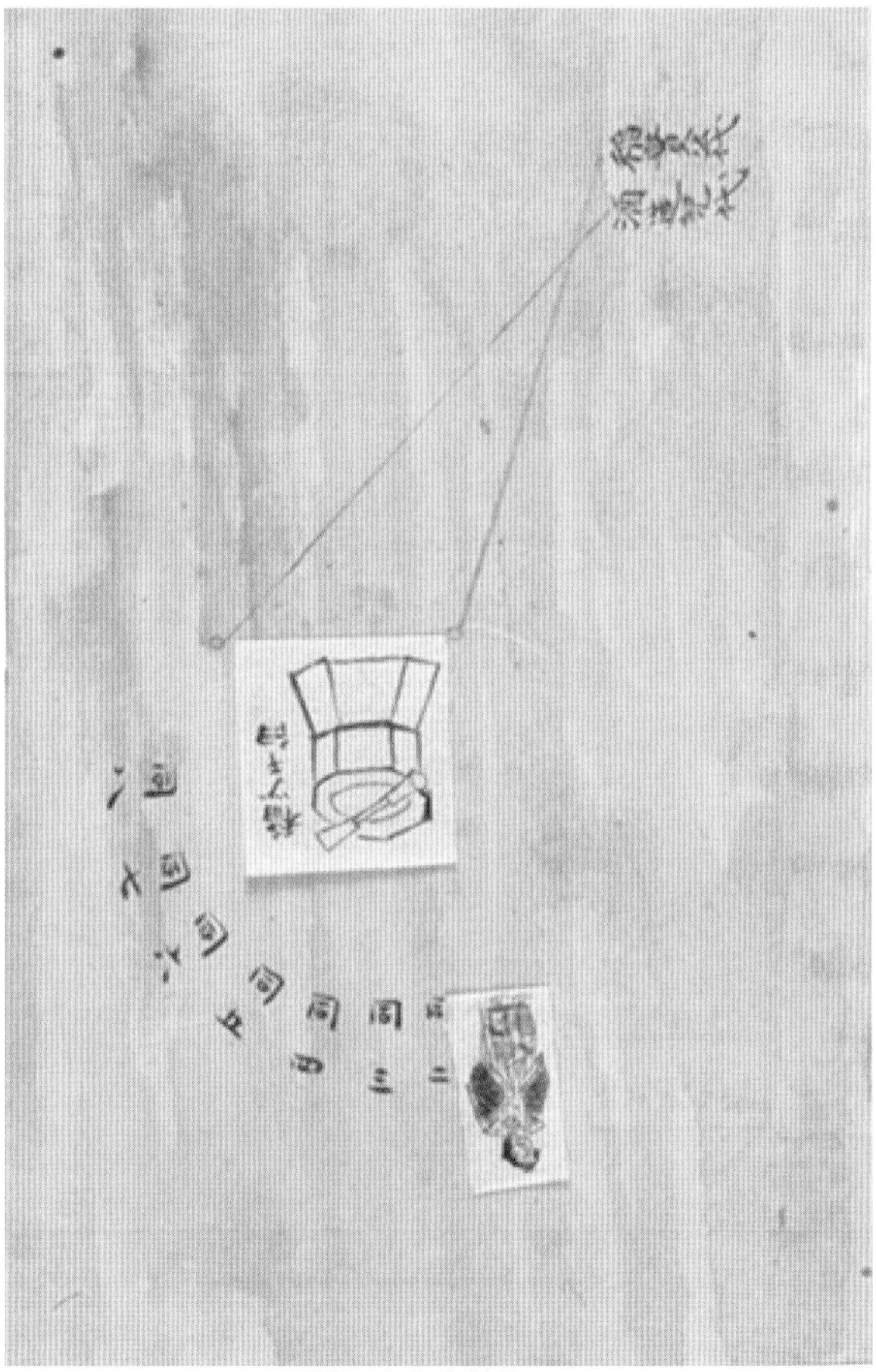

＜膳屋内拡大図＞

12　大嘗会敷設図《だいじょうえふせつず》　弘化 4(1847) 年　宮内庁書陵部

孝明《こうめい》天皇即位と時期を同じくして橋本實麗《はしもとさねあきら》が模写した絵図。要所要所立起しの平面図で、悠紀・主基の国郡卜定から巳日の豊明節会にいたるまで、大嘗祭各儀の備えや調度・人物の配置を説明している。

悠紀殿膳屋の中央に杵と臼が置かれ、采女（女官）が８人配置されることが墨書されている。膳屋では、采女によって稲が舂かれ、楽人によって稲舂歌が歌われた。

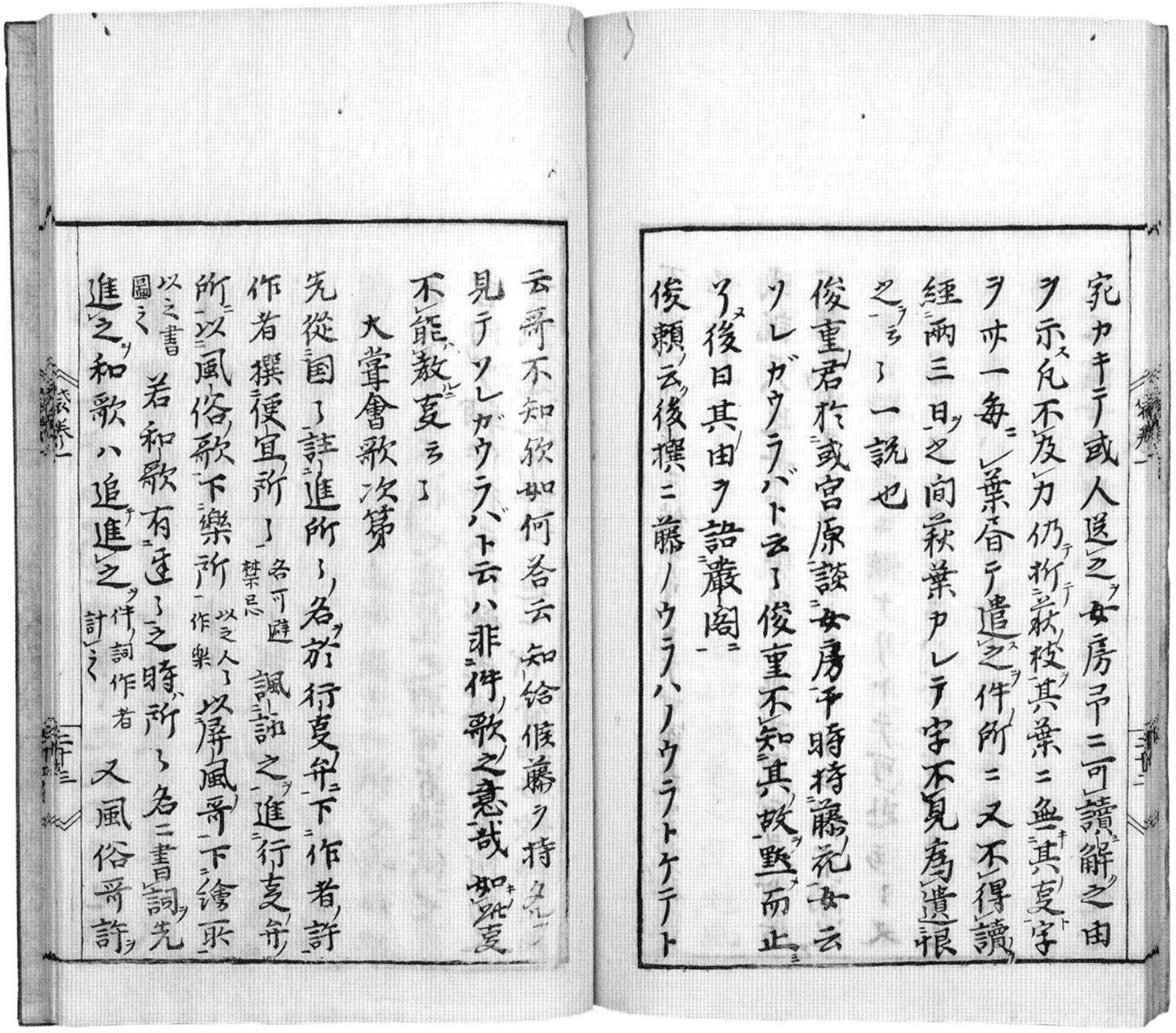

風俗歌《ふぞくうた》

古くはその国で作られた風俗の歌であったが、後に悠紀・主基地方の名所を組み入れた形で、祝賀の意味で歌人に作らせ、楽人が歌うことになったとされる。

13　袋草紙《ふくろぞうし》　巻一
（高松宮家伝来禁裏本）
貞享2(1685)年
国立歴史民俗博物館

平安時代後期に藤原清輔《きよすけ》によって書かれた歌学書である。歌会の作法、『万葉集』以降の撰集や歌物語などの概要、歌会や歌人の説話、希代の和歌の実例などについて記している。

本場面は、大嘗会和歌詠進次第について記している。それによると、和歌詠進は宣旨《せんじ》をもって命じられ、「国」より「所々名」を大嘗会行事に注進し、行事が和歌作者の許《もと》に下す。和歌作者は、禁忌《きんき》を避けて「便宜所々」を選び、和歌を「諷詠《ふうえい》」（和歌を作ったり、吟《ぎん》じたりすること）して行事弁《ぎょうじべん》（大嘗祭の事務全般を取り仕切る役人）に進める。行事弁は、風俗歌を楽所《がくしょ》（雅楽をつかさどる役所）に下し、歌に基づき楽が作られる。行事弁は、屏風歌を絵所に下し、歌に基づき屏風絵が描かれる。和歌の進上が遅れる時は、先に「所々ノ名」に「詞書」して進め、和歌は追って提出する。詞書《ことばがき》は作者が記し、風俗歌は歌だけを進めるとしている。

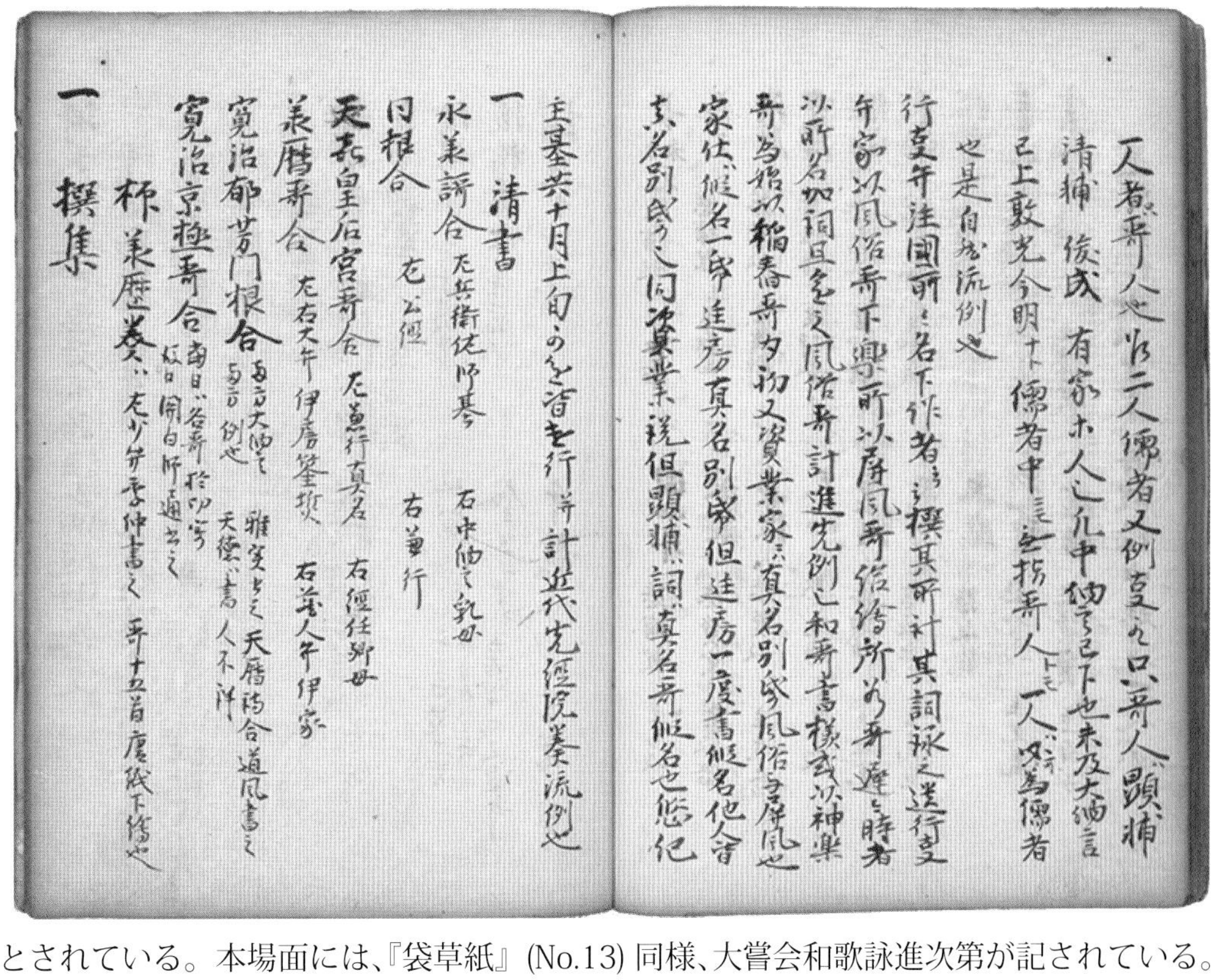

14　八雲御抄《やくもみしょう》　巻二
室町時代初期
宮内庁書陵部

順徳《じゅんとく》天皇によって著された歌学書で、承久3(1221)年より前から執筆し、承久の乱（1221）後、佐渡の配所で手を加えてまとめられたとされている。本場面には、『袋草紙』(No.13)同様、大嘗会和歌詠進次第が記されている。

コラム3

大嘗会の節会《せちえ》

数時間に及ぶ祭儀の後、改めて辰日《たつのひ》・巳日《みのひ》・午日《うまのひ》の三日間にわたり節会（宴会）が催される。

第一日目　辰日悠紀節会

■辰二刻（午前七時半）
・天皇が清暑堂《せいしょどう》から豊楽院《ぶらくいん》内東側の悠紀御帳に入る
・皇太子大臣以下と官人が南庭に整列
・中臣の寿詞奏上・忌部の鏡剣献上がある
※忌部の鏡剣献上は、天長十（八三三）年の仁明天皇即位時の大嘗祭以降なくなったといわれる
・弁大夫《べんたいふ》により悠紀・主基両国の献物《けんもつ》の目録が読み上げる
・皇太子以下が八開手《やひらで》の拝（柏手を八回うった後、拝む）をして、一旦退出する

■巳一刻（午前九時）
・天皇に悠紀の御膳を供する
・堂内に着座した官人らに酒饌《しゅせん》を授ける
・悠紀・主基両国からの献物を諸司に分配
・両国の国司から挿頭花《かざし》（造花：天皇には桜、その他には梅）などを献ずる
・悠紀地方風俗舞を奏する

■未《ひつじ》二刻（午後一時半）
・天皇が豊楽院内西側の主基御帳へ
※午前とほぼ同様の宴
悠紀地方風俗舞の代わりに主基地方風俗舞が奏される

■夕方酉《とり》刻（午後六時）
・悠紀の国司に禄《ろく》を下賜

<大嘗会辰日　奏壽詞之図>

公事録附図《くじろくふず》　臨時公事之図《りんじくじのず》　明治 20(1887) 年　宮内庁書陵部

「辰日奏壽詞」は、辰の日悠紀節会で中臣氏が神代の物語にことよせて新たな天皇の即位を祝福する「天神の寿詞」（中臣の寿詞）を寿《ことほ》ぐ場面である。この制度は天武天皇時代に制度化されたと推測されている。

その内容は、皇孫降臨《こうそんこうりん》にはじまり、中臣《なかとみ》氏の祖神天児屋根命《あめのこやねのみこと》が、皇祖《こうそ》の神より天《あま》つ水を賜ったことを述べ、悠紀・主基の斎田からもたらされた稲穂より作られた御酒・御食《みけ》を召し上がられ、永遠に栄えていかれることを祝福するというものである。皇位と水と稲の関係の深さをうかがうことができる詞章といえる。

第二日目　巳日主基節会
※前日の「辰日悠紀節会」ほぼ同様の節会
　ただし、中臣の寿詞奏上はなし
　舞楽は、風俗歌舞に加えて、倭舞《やまとまい》と田舞《たまい》を奏する
■夕方酉刻（午後六時～）
・主基の国司に禄を下賜
・清暑堂でほとんど夜通しで御神楽《みかぐら》が舞われる

第三日目　午日豊明節会
■辰刻（午前八時）
・天皇が豊楽院中央の高御座《たかみくら》に登壇
・悠紀・主基両国の国司への叙位
・天皇に御膳を供し、群臣へ酒饌を下賜する
宴の間に以下の芸能が奏される
吉野の国栖奏《くずそう》…門外で歌笛を奏す
久米舞《くめまい》…伴《とも》・佐伯《さえき》両氏による
吉志舞《きしまい》…安倍《あべ》氏による
風俗舞《ふぞくまい》…悠紀・主基両国の人々による
五節舞《ごせちのまい》…宮廷の舞姫による
解斎《げさい》の倭舞…神服女《かんはとりめ》による
・参列者全員に禄を下賜
・悠紀・主基両国の郡司などに叙位

皇室事典編集委員会（二〇一九）を参考に作成

辰日・巳日節会は、大嘗祭の祭儀の延長的性格があるが、午日節会はすべてが終了後の宴会という性格といえる。

<高御座周辺拡大図>

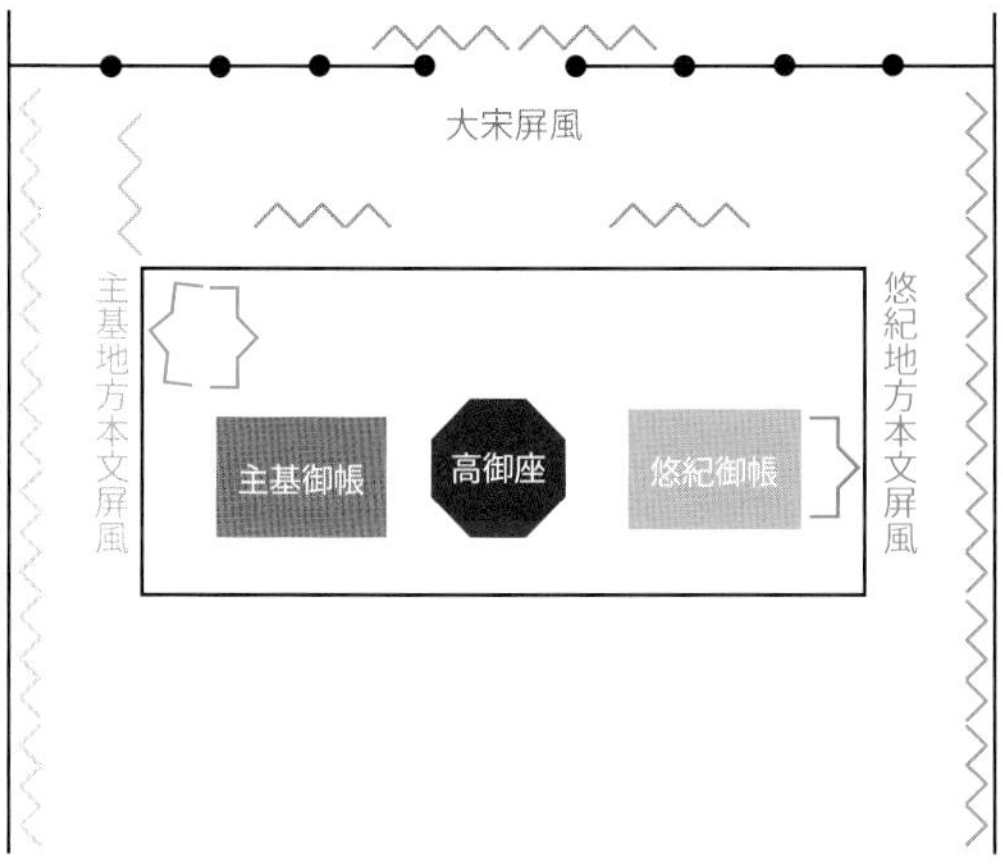

※画面上隠れている部分もあり、本文屏風の配置は一部不明である

〔公事録附図における屏風配置図(推定)〕

図中右側の上部に色紙が貼られた６帖の屏風が悠紀地方風俗歌屏風と考えられる。図中には描かれていないが、図中左側に当屏風に対面する形で主基地方風俗歌屏風が配されたものと推測される。

大嘗会屏風には、風俗歌屏風同様に新作された４帖の本文《ほんもん》屏風がある。本文屏風は中国の典籍《てんせき》から縁起の良い象徴である動物や草木類(麒麟《きりん》・鳳凰《ほうおう》・恒春樹《こうじゅんじゅ》等)及び本文中の人物(多くは中国の賢帝《けんてい》)が唐絵《からえ》で描かれたもので、本文(漢詩文)の書かれた色紙を貼り付けた屏風である。図中の悠紀御帳・主基御帳の側面また背後に配されているものと考えられる。本文屏風は明治時代以前は制作されていたが、近代以降は制作されなくなった。

また、大嘗会に係わる屏風として毬杖《ぎっちょう》と呼ばれる現在のポロやホッケーをする中国風の人物を描いた大宋屏風《たいそうのびょうぶ》が知られる。画面中央の高御座背後に屏風が４帖あるが、高御座の左右後の屏風には打球杖を持つ人物が描かれているのが確認できるため、これらが大宋屏風と思われる。

風俗歌屏風

悠紀・主基両地方の四季の風景・名所を描き、これに応じた和歌を書いた色紙が貼られた大嘗祭ごとに新作される屏風である。

近代以前は六帖（六曲三双）、明治以降は二帖（六曲一双）となった。

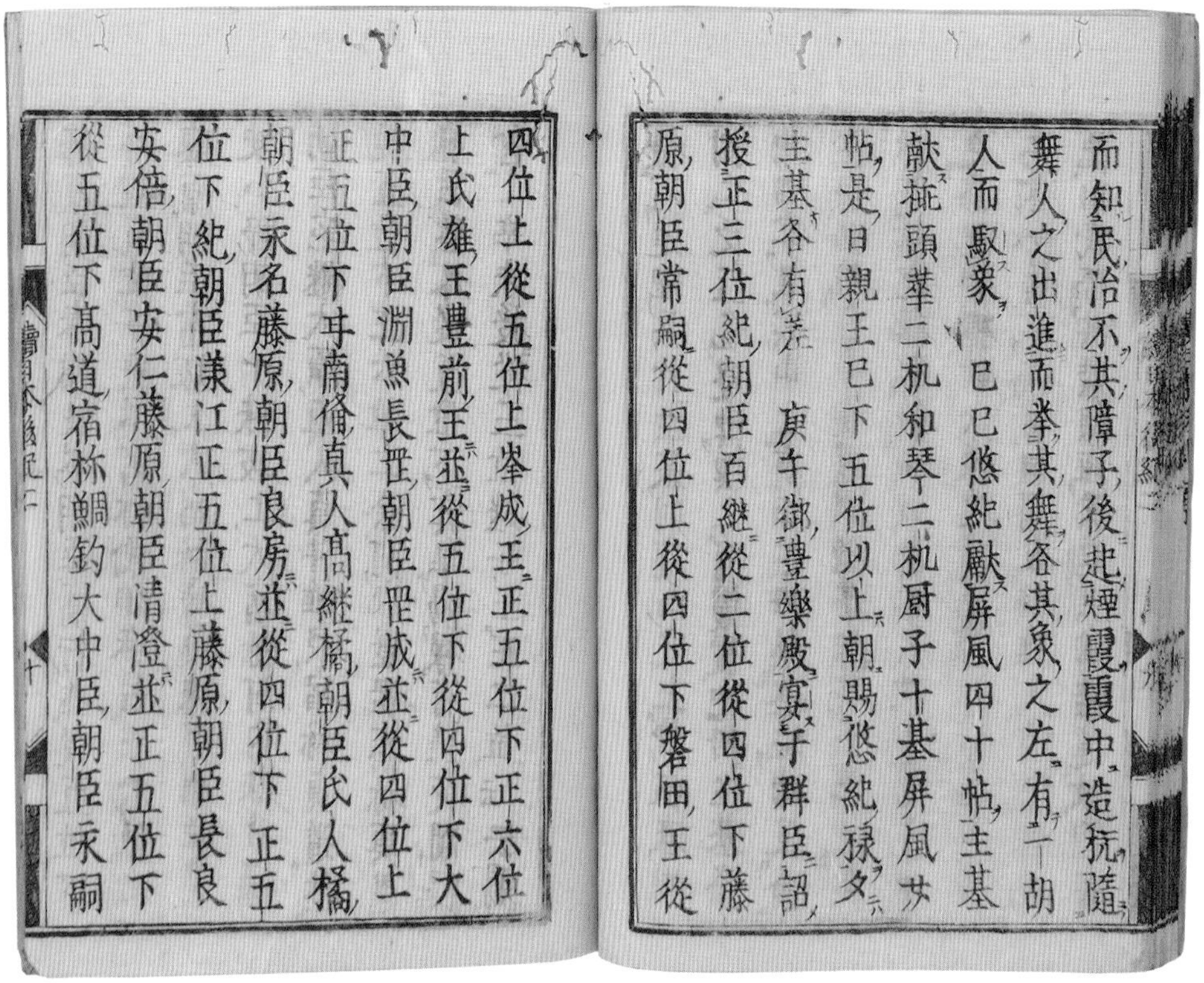

而知民治不共障子後起煙霞霞中造抗隨
舞人之出進而挙其舞各其象之左有一胡
人而歐衆 巳巳悠紀獻屏風四十帖主基
獻撫頭華二机和琴二机厨子十基屏風廿
帖是日親王已下五位以上朝賜悠紀禄多
主基各有差 庚午御豊樂殿宴于群臣詔
授正三位紀朝臣百継從二位從四位下藤
原朝臣常嗣從四位上從四位下磐田王從
四位上從五位上峯成王正五位下正六位
上氏雄王豊前王並從五位下從四位下大
中臣朝臣淵魚長岑朝臣岑成並從四位上
正五位下于甫備真人高継橘朝臣氏人橘
朝臣永名藤原朝臣良房並從四位下 正五
位下紀朝臣深江正五位上藤原朝臣長良
安倍朝臣安仁藤原朝臣清瀧並正五位下
從五位下高道宿祢鯛釣大中臣朝臣永嗣

15　続日本後紀《しょくにほんこうき》　巻二
江戸時代中期
千葉県立中央図書館

『日本後紀』に続き、天長 10(833) 年から嘉祥《かしょう》 3(850) 年に至る仁明天皇一代の編年史である。天長十年十一月十七日条の仁明天皇の大嘗会の巳日に際して悠紀地方より四十帖、主基地方より二十帖の屏風が献じられたとの記述がある。屏風の詳細については不明であるが、大嘗会屏風に関する最古の記述と考えられている。

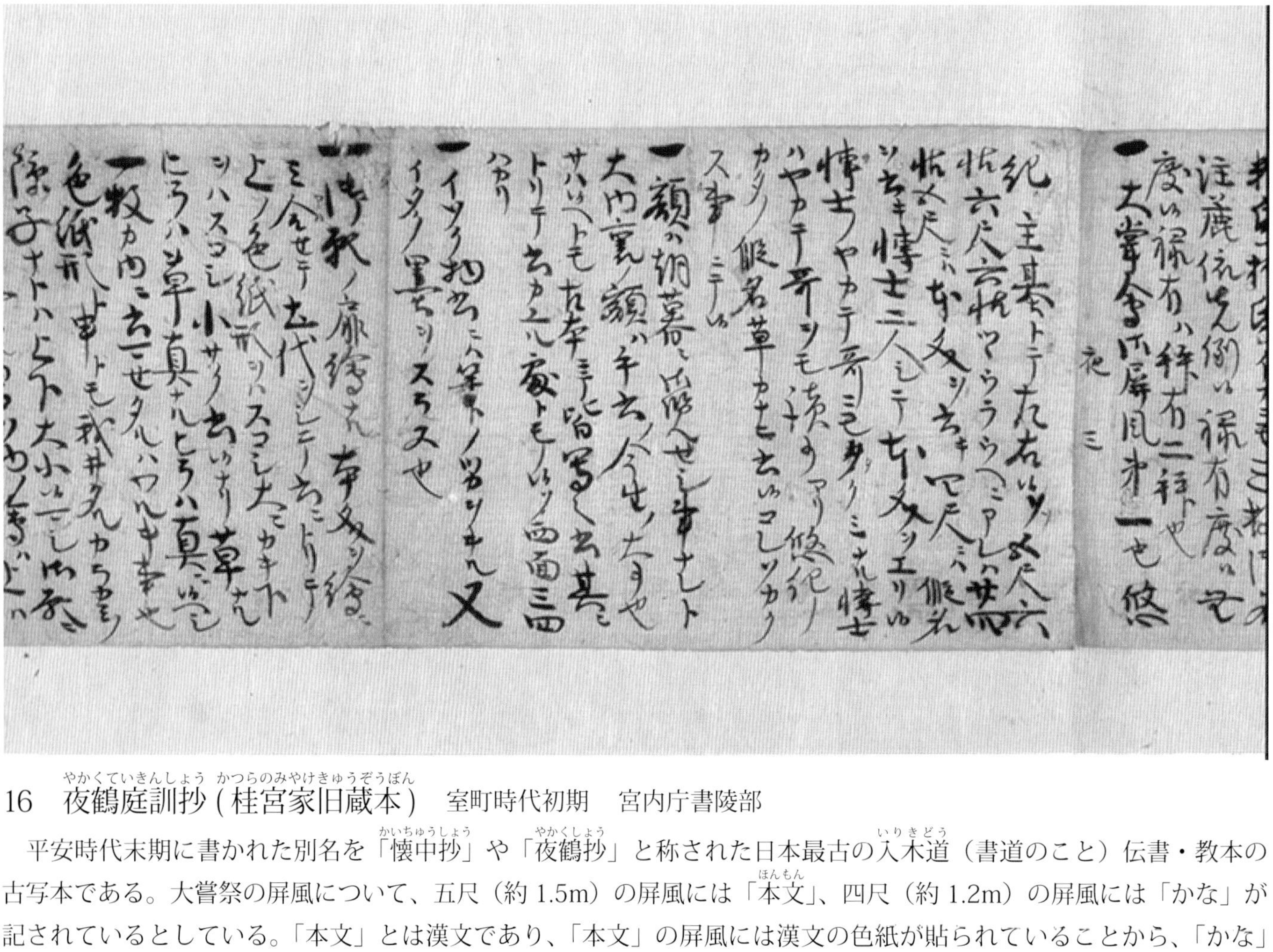

16　夜鶴庭訓抄《やかくていきんしょう》 (桂宮家旧蔵本《かつらのみやけきゅうぞうぼん》)　室町時代初期　宮内庁書陵部

平安時代末期に書かれた別名を「懐中抄《かいちゅうしょう》」や「夜鶴抄《やかくしょう》」と称された日本最古の入木道《いりきどう》（書道のこと）伝書・教本の古写本である。大嘗祭の屏風について、五尺（約 1.5m）の屏風には「本文《ほんもん》」、四尺（約 1.2m）の屏風には「かな」が記されているとしている。「本文」とは漢文であり、「本文」の屏風には漢文の色紙が貼られていることから、「かな」が記されている四尺の屏風が風俗歌屏風と考えられる。

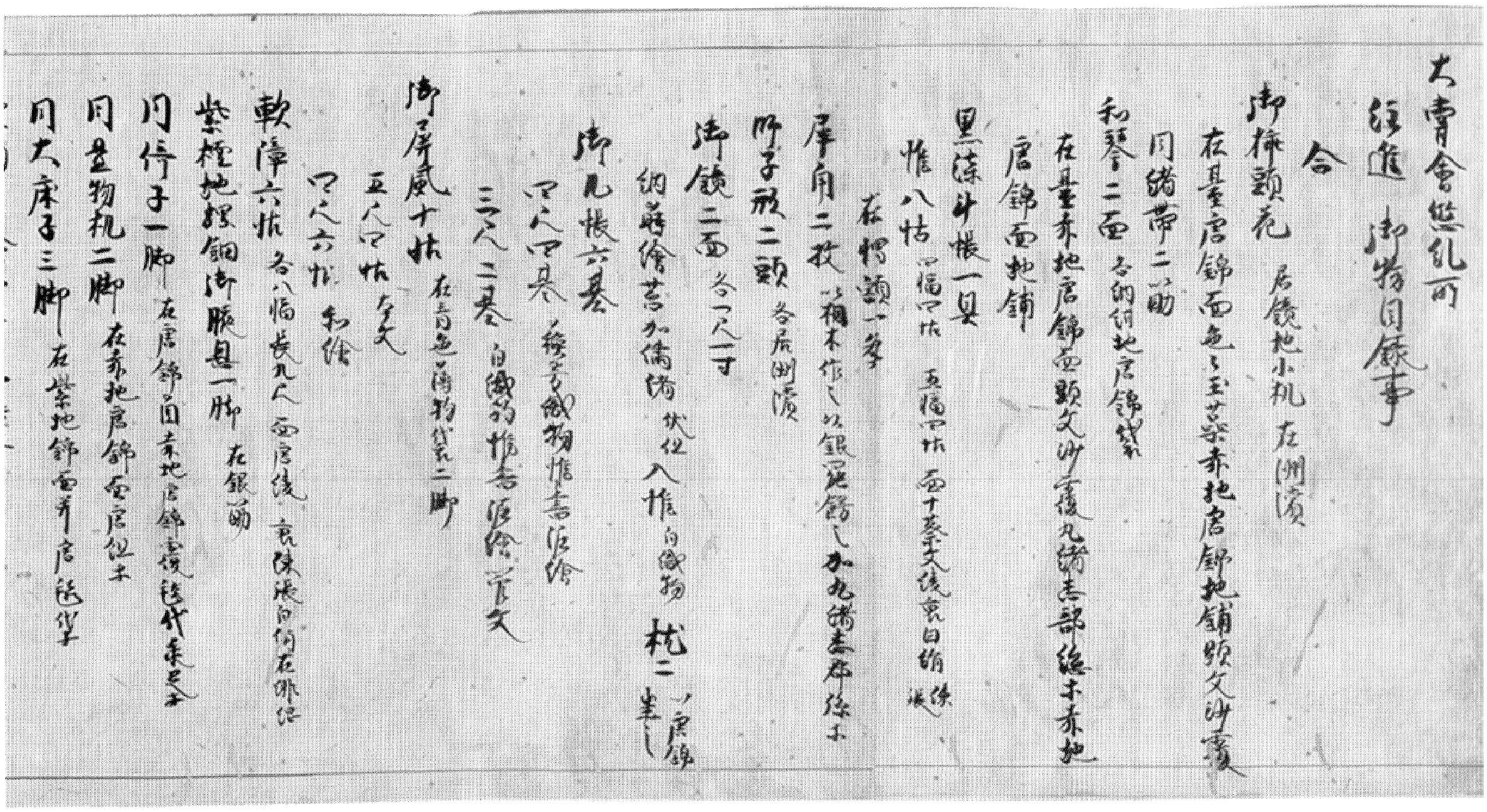

17　平兵部記《へいひょうぶき》　仁安三年《にんあんさんねん》　鎌倉時代　宮内庁書陵部

兵部卿平信範《ひょうぶきょうたいらののぶのり》(1112 ～ 87) の日記。信範は平清盛の室時子の叔父にあたる人物である。記事は詳細で、朝廷の儀式や政治情勢などについて詳しく知ることができる。

仁安三 (1168) 年十二月十日条には、大嘗会悠紀所の目録の記載がある。それによると、五尺の屏風が四帖、四尺の屏風が六帖確認できる。また、本文の屏風と和絵が描かれた屏風があるとしており、後者が風俗歌屏風とわかる。そのほか、御挿華・洲濱についての記載もある。

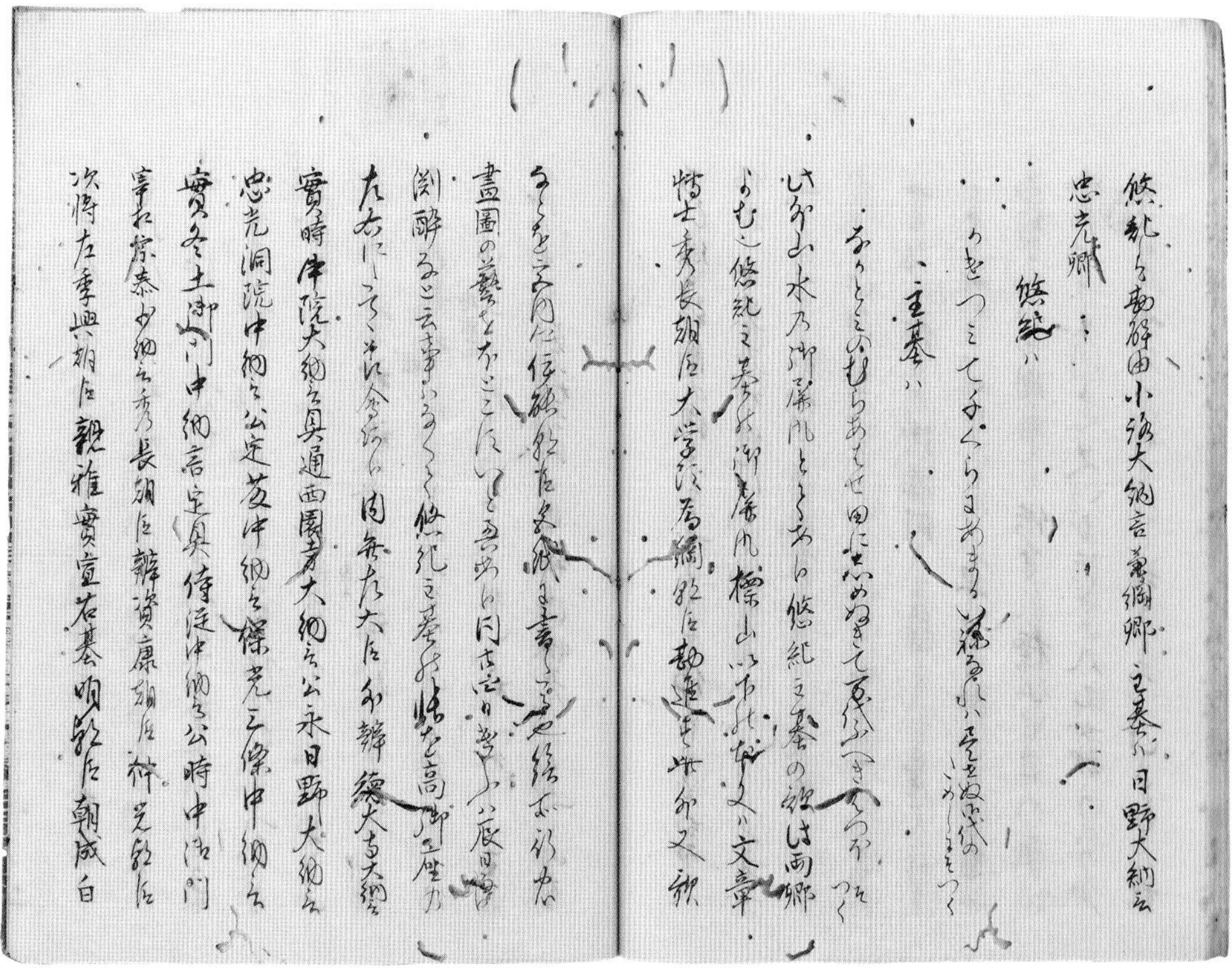

18　永和大嘗会記《えいわだいじょうえき》

安政 2(1855) 年　当館

二条良基《にじょうよしもと》(1320 ～ 1388) が後円融《ごえんゆう》天皇（1358 ～ 1393）の大嘗会 (1375) の諸儀につき仮名で記した書である。

悠紀地方の歌は勘解由小路《かげゆこうじ》兼綱《かねつな》（広橋兼綱）、主基地方の歌は日野忠光《ひのただみつ》が詠んだとしている。また、大嘗会屏風には山水、つまり斎国（悠紀国：近江／主基国：備中）の実際の風景が描かれるとしており、絵より和歌が先であった事情を踏まえると和歌も斎国の実景に関係する内容ということになる。

御挿華《かざし》・洲濱《すはま》

節会の調度としては、大嘗会屏風の他に大嘗会ごとに洲濱も新作される。洲濱は屏風と異なり、悠紀地方・主基地方それぞれの自然・名所を織り交ぜ、一つに配した銀製の置物である。

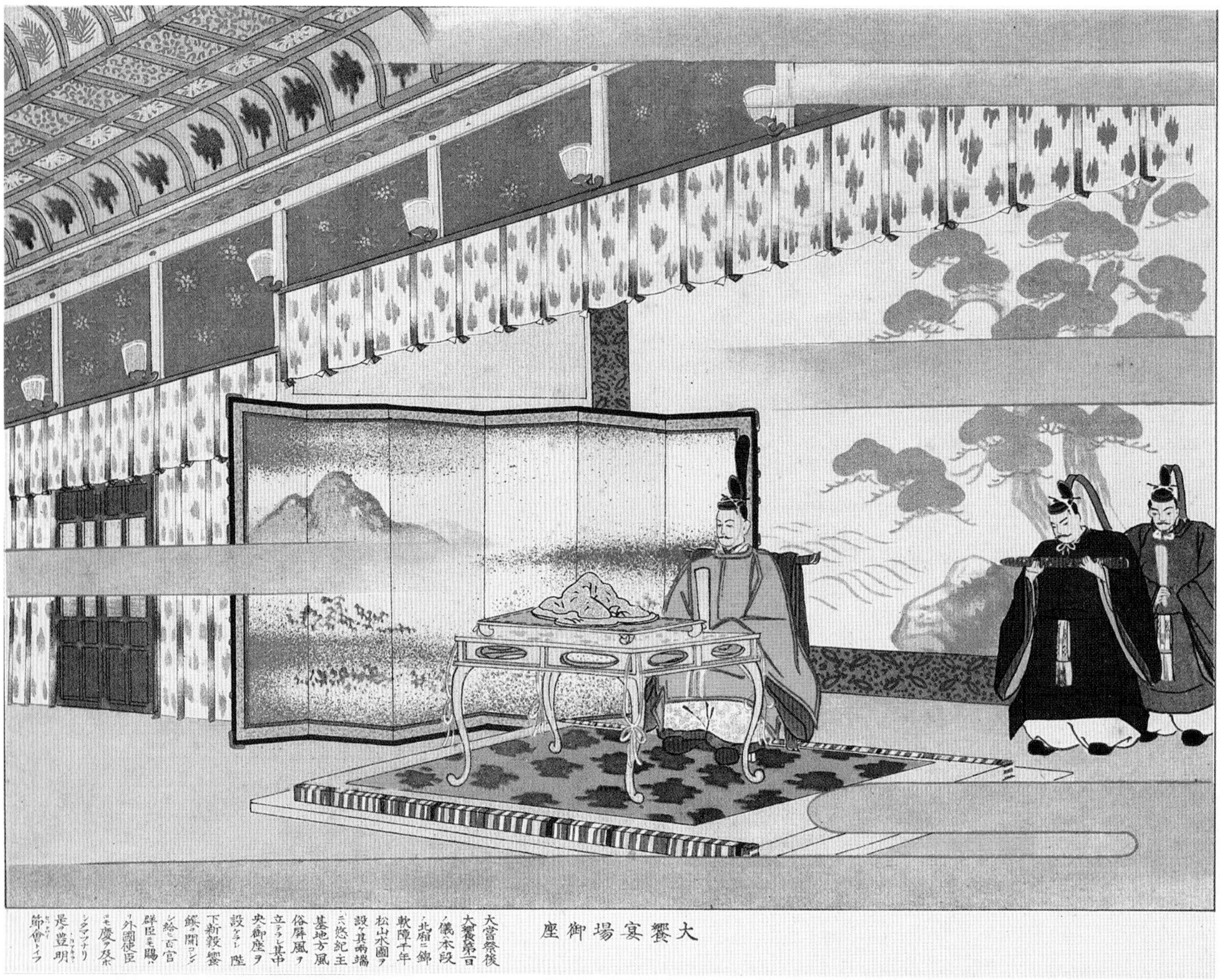

＜大饗宴場御座＞

19　大嘗祭御繪巻物《だいじょうさいおんえまきもの》　大正4(1915)年　当館

大正時代の大嘗祭の流れを「陛下御祭服」「大嘗宮悠紀殿主基殿全景」「神門前」「神前供饌《きょうせん》」「廻立殿ヨリ大嘗宮悠紀殿へ渡御」「大饗宴場御座」「久米舞」「五節舞」「風俗舞《ふぞくまい》」８つの絵で描いている。本紙下部には、詳しい説明がある。

「大饗宴場御座」では、天皇の目前に「洲濱」が置かれている様子がうかがえる。「洲濱」は、大嘗会屏風同様、大嘗祭のために新作された銀製品で、悠紀・主基地方の風景・名所を象《かたちど》ったものである。

節会《せちえ》で披露《ひろう》される舞

大嘗祭の節会では、大嘗祭ごとに新作する風俗舞以外にも多くの伝統的な舞が披露された。豊明節会では久米舞、吉志舞、悠紀主基の風俗歌舞に続いて、大歌・五節舞、解斎の倭舞の順に舞われる。

●久米舞《くめまい》

この舞の参音声《まいりおんじょう》及び揚拍子《あげびょうし》の歌詞は、神武天皇御製《じんむてんのうぎょせい》と伝えられる。大和地方の久米氏により歌い舞われたとされる伝承をもつ我が国で最も古い起源を持つ歌舞である。

●吉志舞《きしまい》

平安時代に大嘗会に安倍氏が奏した舞。神功皇后《じんぐうこうごう》が三韓遠征から凱旋して、大嘗会を行った際に、安倍氏の祖先が奏したとの伝承により、以後代々安倍氏がつかさどることになったとされる。舞者二〇人、楽人二〇人によるもので、闕腋《けってき》の打掛《うちかけ》に甲冑《かっちゅう》をつけ、楯《たて》・鉾《ほこ》を持って舞ったといわれる。

●五節舞《ごせちのまい》

この歌詞と舞は、天武天皇の御代につくられたといわれる。天皇が吉野の宮に行幸され、日没に琴を弾かれた折、山の端に神女が現れ琴に合わせて舞ったことに由来するとされる。

●大歌《おおうた》

日本に古来から伝わる歌謡で、民衆に詠われる小歌に対して、宮中で歌われるものを大歌としている。現在、五節舞において演奏される歌はそのうちの一つで、現在、大歌というとその曲を指す。

●解斎《げさい》の倭舞《やまとまい》

倭舞とは、古代の国風歌舞の一つで、和舞、大和舞とも記され、大和地方の風俗舞踊を始まりとする等、その起源には諸説ある。大嘗会の節会において、この倭舞がなされた後は群官に直会《なおらえ》（神と人が共食すること）の酒食が給されて祭祀は終了するため、この倭舞は、祭祀への奉仕者の神事からの解放を意味している。

＜久米舞＞

＜五節舞＞

風俗舞《ふぞくまい》

日本古代の歌舞で、くにぶりまいともいう。大和朝廷の全国統一に伴い、地方諸国の歌舞が朝廷に貢奏《こうそう》されたが、これが宮廷に取入れられて節会などで奏せられた。

大嘗会の際には、悠紀・主基の二か国によって風俗歌舞が洗練され、風俗舞となったとされる。

＜大嘗祭辰ノ日悠紀風俗舞之図＞

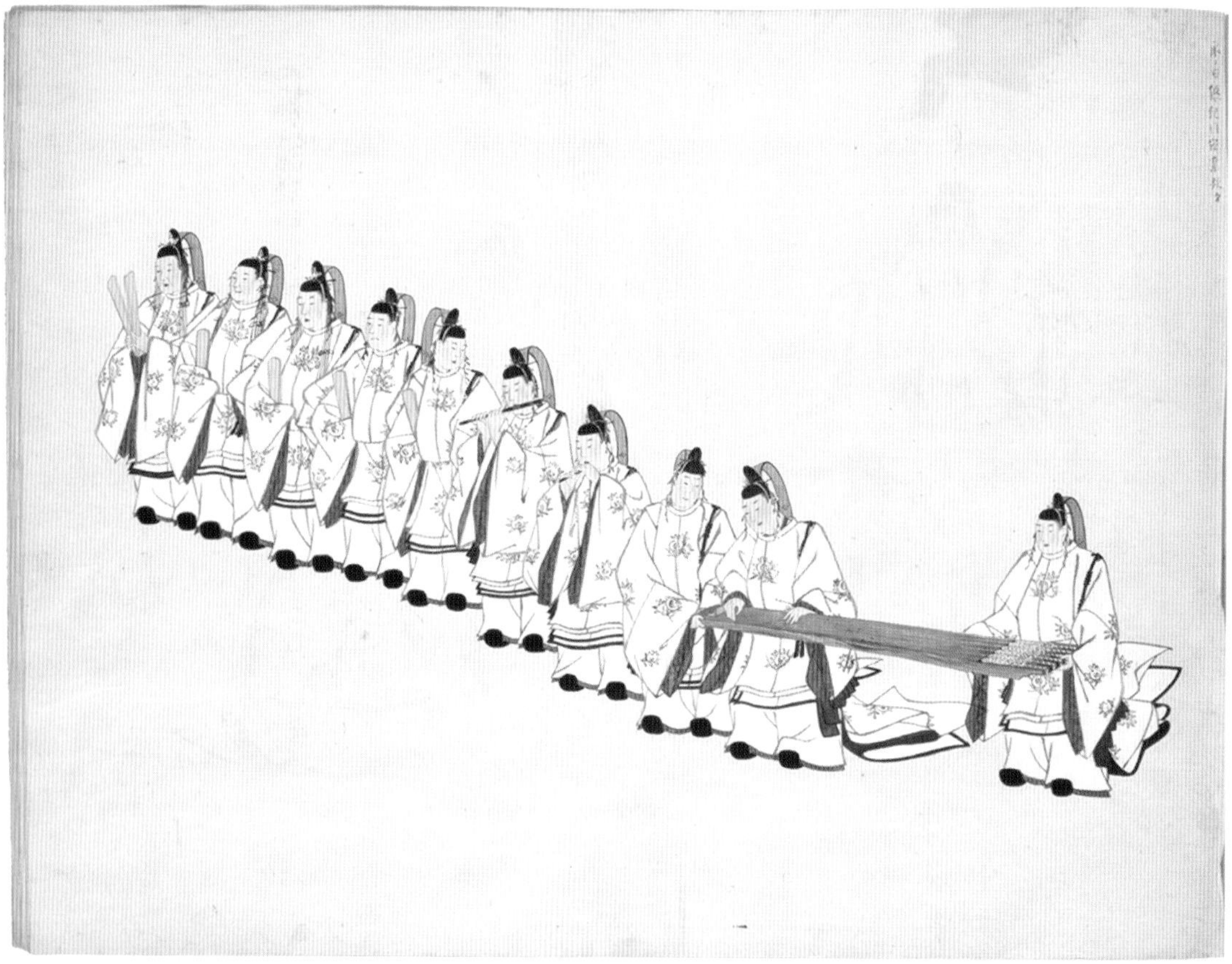

＜大嘗祭辰ノ日悠紀風俗歌所作人之図＞

20　舞楽図《ぶがくず》　一　明治時代 宮内庁書陵部

雅楽について、江戸時代まで伝えられてきた舞や装束を描いた作品。今日では途絶えてしまった舞も含まれ、非常に貴重な資料といえる。第一巻には、大嘗祭の悠紀・主基節会の舞の図を収録している。

舞人は四人で、いずれも垂纓《すいえい》の冠に、緑色の日蔭絲《ひかげいと》を垂れ、生蔓《なまづる》を附し、竹の文様の袍《ほう》を着用している。楽人も袍の文様を除き、同様の装束を着用していることがわかる。

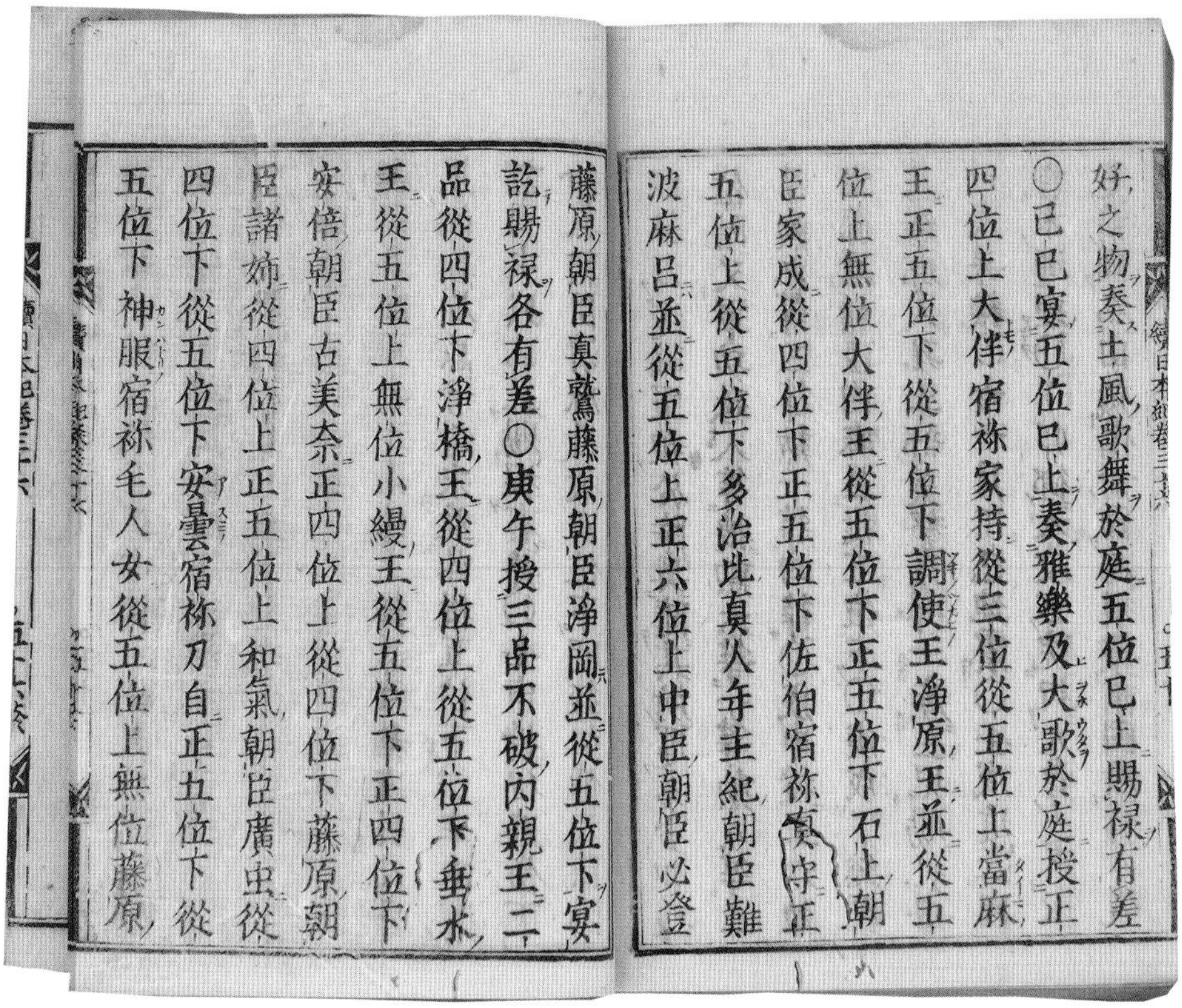

好之物奏土風歌舞於庭五位已上賜祿有差○己巳宴五位已上奏雅樂及大歌於庭授正四位上大伴宿祢家持從三位從五位上當麻王正五位下從五位下調使王淨原王並從五位上無位大伴王從五位下正五位下石上朝臣家成從四位下正五位下佐伯宿祢真守正五位上從五位下多治比真人年主紀朝臣難波麻呂並從五位上正六位上中臣朝臣必登

藤原朝臣真鷲藤原朝臣浄岡並從五位下宴訖賜祿各有差○庚午授三品不破内親王二品從四位下淨橋王從四位上從五位下垂水王從五位上無位小縵王從五位下正四位下安倍朝臣古美奈正四位上從四位下藤原朝臣諸姉從四位上正五位上和氣朝臣廣虫從四位下從五位下安曇宿祢刀自正五位下從五位下神服宿祢毛人女從五位上無位藤原

21　続日本紀《しょくにほんぎ》　巻三六

明暦 3(1657) 年

千葉県立中央図書館

『日本書紀』に次いで編修された勅撰国史《ちょくせんこくし》。桓武《かんむ》天皇の延暦《えんりゃく》16(797) 年に完成した。

天応《てんおう》元年 (781) 十一月丁卯十三日条によれば、桓武天皇が行った大嘗祭に際して、悠紀地方の越前《えちぜん》国 (福井県) と備前《びぜん》国 (岡山県) から珍品が献じられ、「土風歌舞」が庭で奏されたとしている。「土風歌舞」が、悠紀・主基地方の風俗舞を指しているとすると、風俗舞は元々は悠紀・主基地方の人々が舞っていたと考えられる。

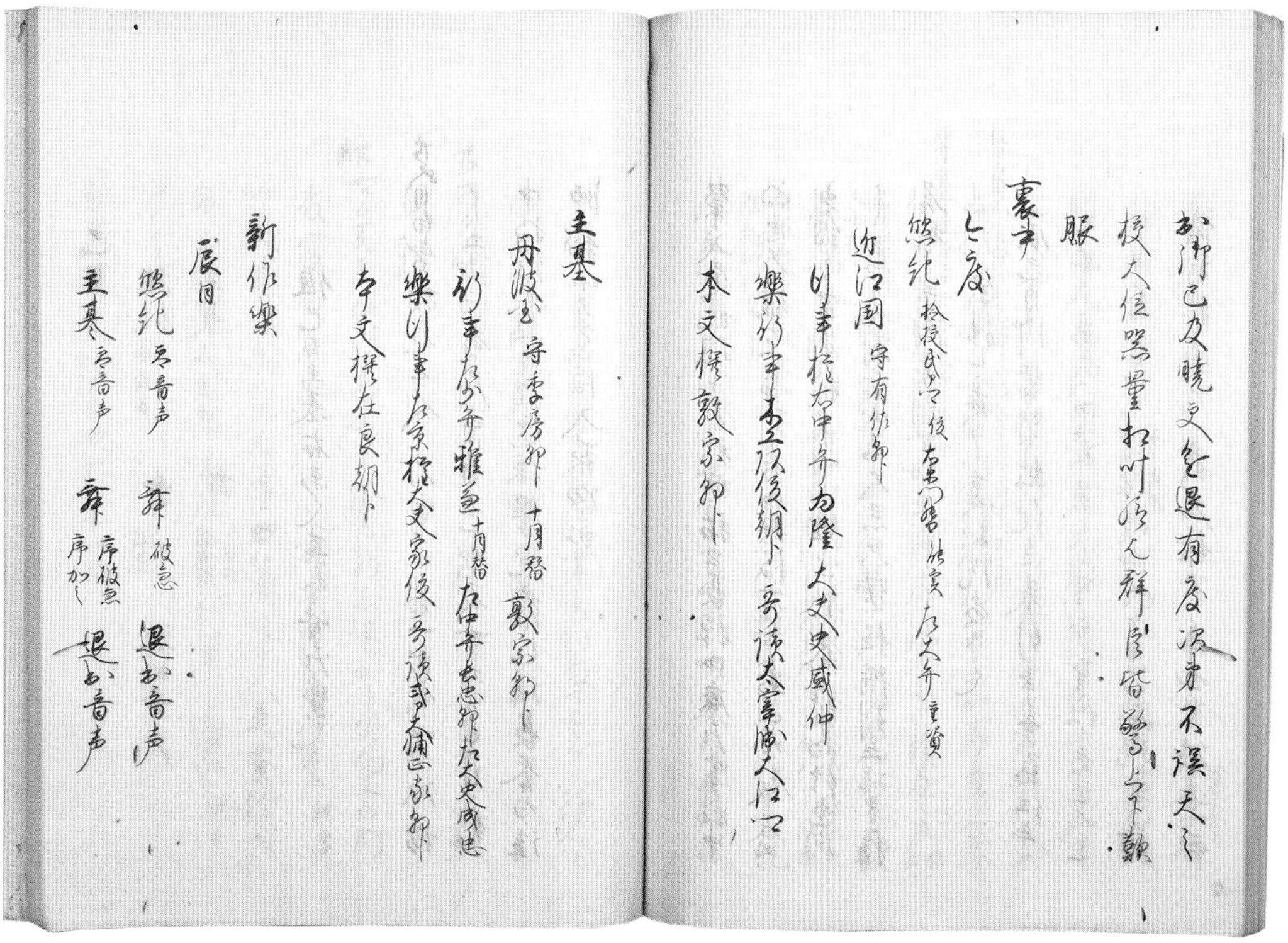

22　中右記《ちゅうゆうき》　天仁元年冬《てんにんがんねんふゆ》（高松宮家伝来禁《たかまつのみやけでんらいきん》裏本《りぼん》）　江戸時代　国立歴史民俗博物館

本資料は、平安後期の公家、中御門右大臣藤原宗忠《なかみかどうだいじんふじわらのむねただ》（1062 ～ 1141）の日記。寛治《かんじ》元年～保延《ほうえん》4 年（1087 ～ 1138）の記事があり、院政期の朝廷の諸行事、政務を克明に筆録している。

天仁元 (1108) 年十一月二十四日条には、「新作楽」として、悠紀・主基各地方の風俗舞について説明しており、「参音声・破・急・退出音声」という組曲の構成で演奏されていたことがうかがわれる。

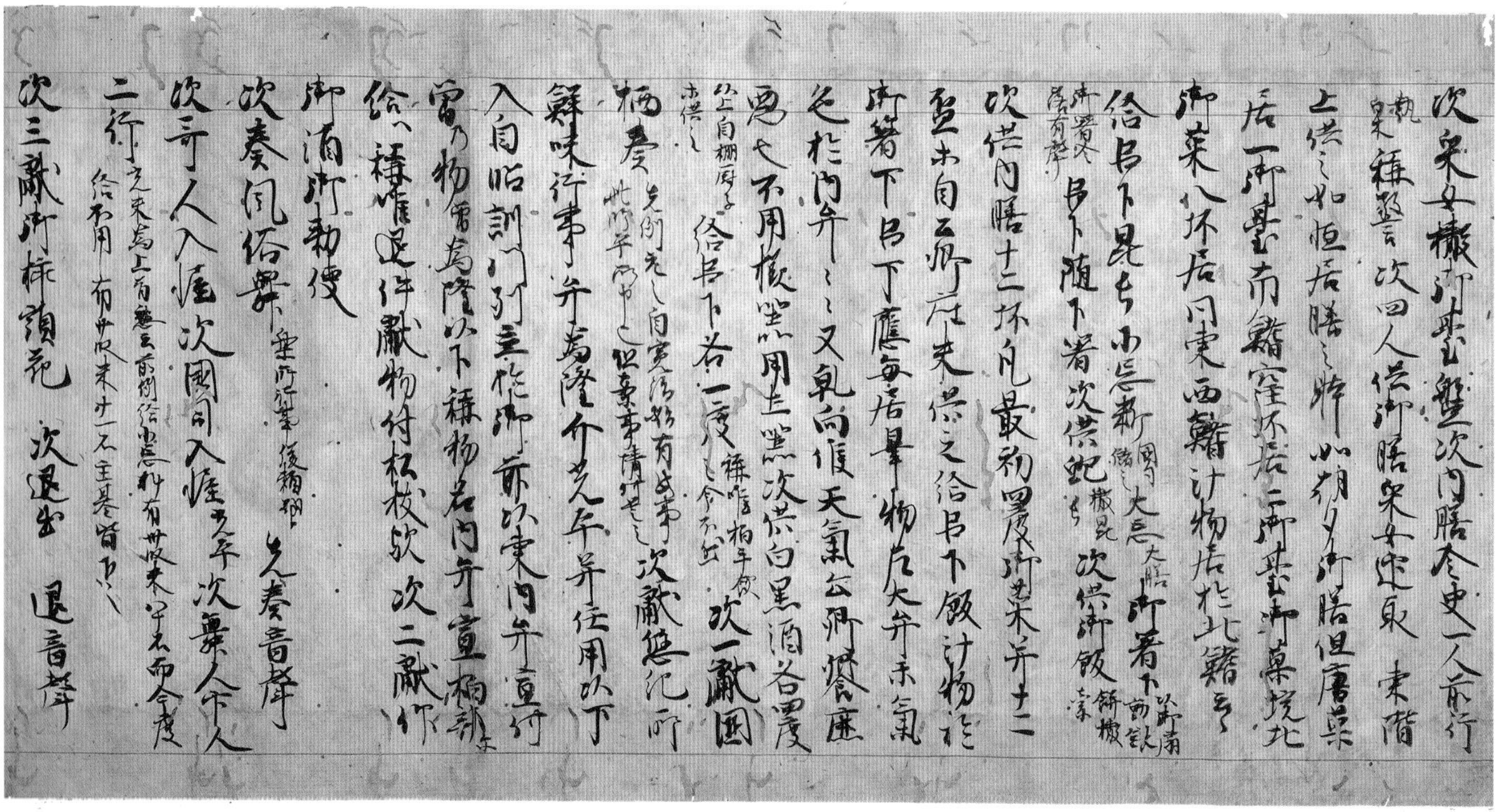

● 23　大嘗会記《だいじょうえき》　天仁元年《てんにんがんねん》　鎌倉時代　国立歴史民俗博物館

本資料は、大蔵卿大江匡房《おおくらきょうおおえのまさふさ》(1041 ～ 1111) の治暦《ちりゃく》元 (1065) 年から天仁元 (1108) 年の四十余年にわたる日記の一部である。その日記は『江記《ごうき》』『匡房卿記』『江匡房記』『江中納言記』『江帥記』『江都督記』などと称され、公事や故実等について詳細で、記事は長文が多いことが特徴である。本資料は鎌倉時代の書写である。

本場面は、天仁元年に行われた鳥羽《とば》天皇の大嘗会の記録である。同年 11 月 23 日の辰日節会では、悠紀帳・主基帳それぞれにおいて「国栖奏《くずそう》」が行われ、その後で「風俗舞」が奏されている。「風俗舞」では「参入音声」を奏でながら、歌人、国司の順に帳に参入している。次いで舞人・官人の行列が入り、退出時には「退出音声」を奏している。

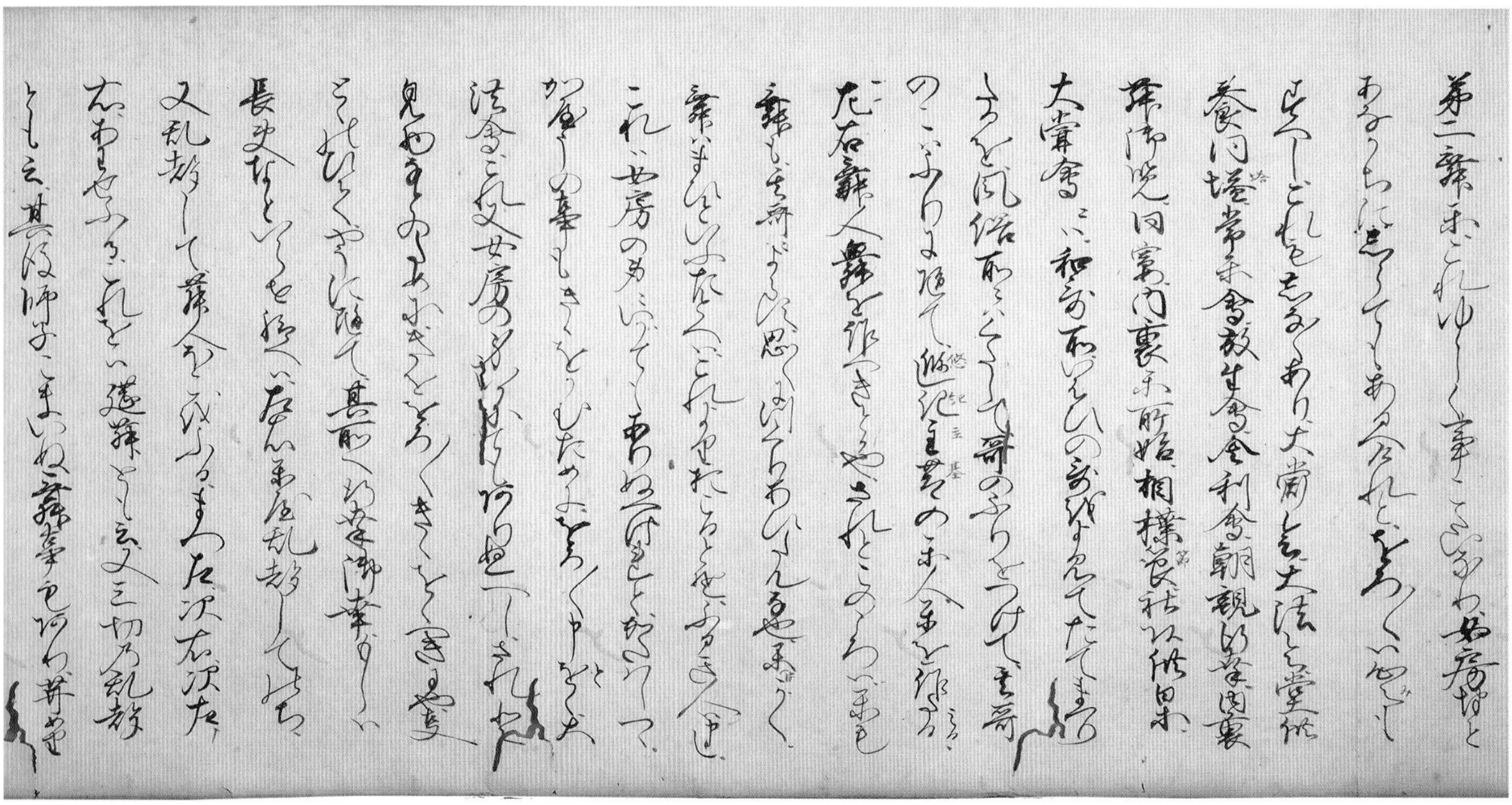

24　残夜抄《ざんやしょう》　江戸時代　国立歴史民俗博物館

『残夜抄』は、平安後期～鎌倉時代の雅楽家藤原孝道《ふじわらのたかみち》(1166 ～ 1237) がその女子に与えたとされる楽書である。その中で風俗歌の楽舞新作の状況を説明している。

これによると、元々は歌が最初に作られ、それに音楽をつけ、舞がつけられたとしているが、最近は音楽も舞も歌によらず思い思いに作りあっているとしている。

第二章
令和の御大礼と悠紀地方栃木

＜即位礼正殿の儀＞宮内庁提供

令和の御大礼では、栃木県が悠紀地方に選ばれました。御斎田が営まれた高根沢町では、関連する儀式が行われ、大嘗祭の儀式において供えられる新穀が納められました。そのほか、庭積の机代物や献物では、県内各地の野菜・果物等の名産品が献納されました。

本章では、令和の御大礼の流れを追いながら栃木県との関わりを紹介します。

令和の即位礼及び大嘗祭関係の諸儀式

（中世以前の諸儀式はP．10参照のこと）

日付（月・日）	名称	概要
五・一	剣璽等承継の儀	即位に伴い剣璽等を継承される儀式
	即位後朝見の儀	即位後初めて国民の代表に会われる儀式
五・一～五・三	賢所《かしこどころ》の儀	賢所（三種の神器の一つである八咫鏡《やたのかがみ》を祀る殿舎）に皇位を継承されたことを奉告する儀式（御代拝《ごだいはい》）
五・一	皇霊殿《こうれいでん》神殿に奉告の儀	皇霊殿神殿に皇位を継承したことを奉告する儀式（御代拝）
五・四	御即位一般参賀	即位後、一般国民の祝福を皇居で受けられる行事
五・八	賢所に期日奉告の儀	賢所に天皇が即位礼及び大嘗祭を行う期日を奉告される儀式
	皇霊殿神殿に期日奉告の儀	皇霊殿神殿に天皇が即位礼及び大嘗祭を行う期日を奉告される儀式
	神宮神武天皇山陵及び昭和天皇以前四代の天皇山陵に勅使発遣《ちょくしはっけん》の儀	神宮並びに神武天皇山陵及び昭和天皇以前四代の天皇山陵に即位礼及び大嘗祭を行う期日を奉告し幣物《へいもつ》を供えるために勅使を派遣される儀式
五・一〇	神宮に奉幣《ほうへい》の儀	神宮に即位礼及び大嘗祭を行う期日を勅使が奉告し幣物を供える儀式
	神武天皇山陵及び昭和天皇以前四代の天皇山陵に奉幣の儀	神武天皇山陵及び昭和天皇以前四代の天皇山陵に即位礼及び大嘗祭を行う期日を勅使が奉告し幣物を供える儀式
五・一三	斎田点定《さいでんてんてい》の儀	悠紀及び主基の両地方（斎田を設ける地方）を定めるための儀式
七・二六	（大嘗宮地鎮祭《だいじょうきゅうじちんさい》）	大嘗宮を建設する予定地の地鎮祭
九・二六	（斎田抜穂前一日大祓《さいでんぬいぼまえいちにちおおはらえ》）	斎田抜穂の儀の前日、抜穂使始め関係諸員のお祓いをする儀式
九・二七	斎田抜穂の儀	斎田で新穀の収穫を行う儀式
一〇・一五	（悠紀主基両地方新穀供納《しんこくきょうのう》）	悠紀主基両地方の斎田で収穫された新穀の供納をする行事
一〇・二二	即位礼当日賢所大前《おおまえ》の儀	即位礼の当日、賢所に天皇が即位礼を行うことを奉告される儀式
	即位礼当日皇霊殿神殿に奉告の儀	即位礼の当日、皇霊殿及び神殿に天皇が即位礼を行うことを奉告される儀式
	即位礼正殿の儀	即位を公に宣明されるとともに、その即位を内外の代表がことほぐ儀式
一〇・二二、二五、二九、三一	饗宴の儀	即位を披露され、祝福を受けられるための饗宴で、外国賓客夫妻・三権の長夫妻・国会議員・都道府県市町村関係者・民間関係者・駐日大使等約二，六〇〇名を招待

一一・八	神宮に勅使発遣の儀	神宮に大嘗祭を行うことを奉告し幣物を供えるために勅使を派遣される儀式
一一・一〇	祝賀御列の儀	即位礼正殿の儀終了後、広く国民に即位を披露され、祝福を受けられるための御列
一一・一二	(大嘗祭前二日御禊《みそぎ》)	大嘗祭の二日前、天皇及び皇后のお祓いをする行事
	(大嘗祭前二日大祓)	大嘗祭の二日前、皇族始め関係諸員のお祓いをする行事
一一・一三	大嘗祭前一日鎮魂の儀	大嘗祭の前日、すべての行事が滞りなく無事に行われるよう天皇始め関係諸員の安泰を祈念する儀式
	(大嘗祭前一日大嘗宮鎮祭《ちんさい》)	大嘗祭の前日、大嘗宮の安寧を祈念する行事
一一・一四	大嘗祭当日神宮に奉幣の儀	大嘗祭の当日、神宮に大嘗祭を行うことを勅使が奉告し幣物を供える儀式(御代拝)
	大嘗祭当日賢所大御饌供進《おおみけきょうしん》の儀	大嘗祭の当日、賢所に大嘗祭を行うことを奉告し御饌を供える儀式(御代拝)
	大嘗祭当日皇霊殿神殿に奉告の儀	大嘗祭の当日、皇霊殿及び神殿に大嘗祭を行うことを奉告する儀式(御代拝)
一一・一四～一一・一五	大嘗宮の儀 悠紀殿供饌の儀 主基殿供饌の儀	天皇が即位の後、大嘗宮の悠紀殿及び主基殿において初めて新穀を皇祖及び天神地祇に供えられ、自らも召し上がり、国家・国民のためにその安寧と五穀豊穣などを感謝し、祈念される儀式
一一・一六	(大嘗祭後一日大嘗宮鎮祭)	大嘗祭の翌日、大嘗宮の安寧を感謝する行事
一一・一六、一八	大饗の儀	大嘗宮の儀の後、天皇が参列者に白酒《しろき》・黒酒《くろき》及び酒肴を賜り、ともに召し上がる饗宴
一一・二二、二三	即位礼及び大嘗祭後神宮に親謁《しんえつ》の儀	即位礼及び大嘗祭の後、神宮に天皇が拝礼される儀式
一一・二七、二八、一二・三	即位礼及び大嘗祭後神武天皇山陵及び昭和天皇以前四代の天皇山陵に親謁の儀	即位礼及び大嘗祭の後、神武天皇山陵及び昭和天皇以前四代の天皇山陵に天皇が拝礼される儀式
一二・四	即位礼及び大嘗祭後賢所に親謁の儀	即位礼及び大嘗祭の後、賢所に天皇が拝礼される儀式
	即位礼及び大嘗祭後皇霊殿神殿に親謁の儀	即位礼及び大嘗祭の後、皇霊殿及び神殿に天皇が拝礼される儀式
	即位礼及び大嘗祭後賢所御神楽《みかぐら》の儀	即位礼及び大嘗祭の後、賢所に御神楽を奏する儀式
大嘗宮の撤去後	(大嘗祭後大嘗宮地鎮祭)	大嘗祭の後、大嘗宮を撤去した跡地の地鎮祭

「宮内庁広報用資料」より作成

斎田点定《さいでんてんてい》の儀《ぎ》

大嘗祭で神前に供える米・粟を育てる地域を定めるのが「斎田点定の儀」である。その卜《うらな》いの方法は、将棋の駒の形状（縦約二四センチ、横約十五センチ、厚さ約一ミリ）に加工したアオウミガメの甲羅《こうら》を使用し、火鑽具《ひきりぐ》を用いて火を起こし、ハハカギ（ウワミズザクラの木片）と炭を火爐《かろ》に入れて燃し、竹箸で甲羅を持ってあぶり、サマシダケで水をかけ、ひび割れからうらなう、とされている。

令和の「斎田点定の儀」は、令和元（二〇一九）年五月十三日に皇居・神殿の前で行われ、「亀卜」によって悠紀地方が栃木県、主基地方が京都府に決定した。

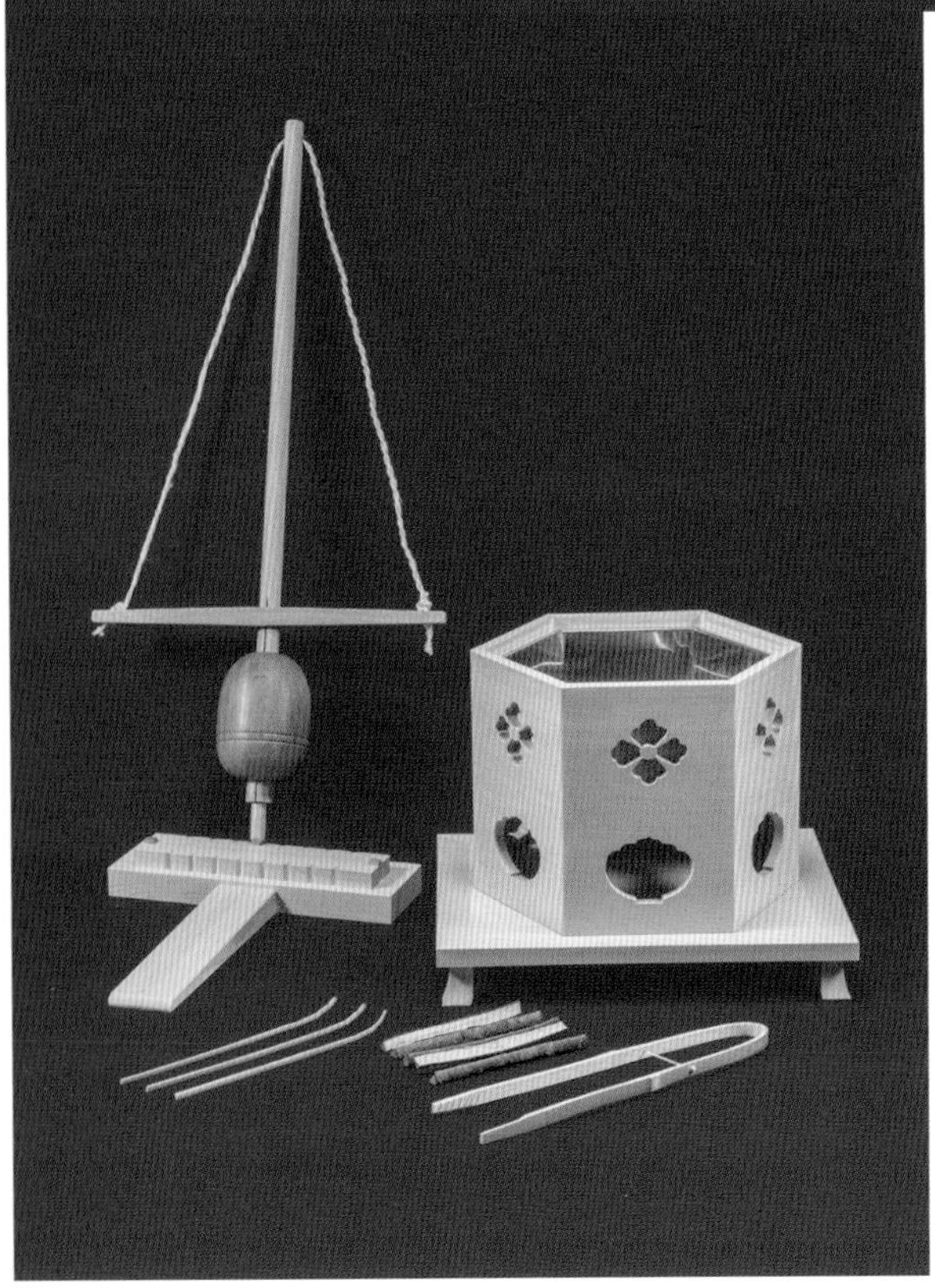

<上　亀甲>

<中　墨等亀卜の道具>

<下　火起こし道具>

<亀卜の道具一式>

宮内庁提供

令和の悠紀地方の御斎田と儀式

宮内庁は令和元（二〇一九）年九月十八日に、大嘗祭で供納される米を栽培する栃木県の御斎田の所在地や耕作者を発表した。御斎田の所在地は高根沢町大谷下原《おおやしもはら》で、「大田主《おおたぬし》」と呼ばれる耕作者は、ＪＡ栃木中央会の推薦で石塚毅男《いしつかたけお》さんに決定した。九月二十六日に行われた「悠紀《ゆき》斎田抜穂《さいでんぬいぼ》前一日大祓《おおはらえ》」において関係者をお祓いし、抜穂の清浄を期した後、翌二十七日に「大嘗祭」に使う新米を収穫する「悠紀斎田抜穂の儀」が行われた。

＜「悠紀斎田抜穂前一日大祓」において大麻《おおぬさ》を川に流す抜穂使＞高根沢町提供

「悠紀斎田抜穂の儀」の前日の令和元 (2019) 年 9 月 26 日に儀式に携わる抜穂使及び関係諸員の穢《けが》れを祓う儀式が斎田の所在地高根沢町を流れる鬼怒川河川敷で実施された。

＜「悠紀斎田抜穂の儀」＞高根沢町提供

令和元 (2019) 年 9 月 27 日に勅使である抜穂使の点検のもと、悠紀地方で実った米を大田主（斎田の所有者）と 10 人の奉耕者《ほうこうしゃ》が刈り取る儀式が実施された。

大嘗宮《だいじょうきゅう》

令和の御大礼では、皇居東御苑《ひがしぎょえん》に大嘗宮が設営された。大嘗宮の起源ははっきりしていないが、既に平城宮跡から奈良時代の大嘗宮の遺構が見つかっており、平安時代から現在に至るまで、『貞観儀式《じょうがんぎしき》』（九世紀後半に成立した儀式書）等に沿った大嘗宮が、大嘗祭ごとに設営されている。今回設営された大嘗宮は、先例に倣い、約九〇メートル四方の敷地に悠紀殿と主基殿、さらに廻立殿の殿舎を中心にそれに関連する建物など大小三〇余の建物が設営された。総面積は、約二，七〇〇平方メートル余であった。これらの建物は、床は筵《むしろ》又は畳表を敷き、扉及び壁は畳表を張り、柱は加工をしない皮つきの丸太を用いるなど、伝統的に質素なものとされている。

悠紀・主基両殿は内陣と外陣に分けられ、八重畳《やえだたみ》が敷かれ、皇祖神を祀る神座《かみくら》や、寝具となる御衾《おぶすま》、坂枕《さかまくら》（薦《こも》で作られた傾斜のついた枕）などが設置されている。足元には、沓《くつ》と麁服《あらたえ》（麻布）、繒服《にぎたえ》（絹布）が置かれる。天皇は、御座に坐し、神食薦《かみのすごも》の上に神饌の品々を十枚の葉盤《ひらで》に取り分けたものを供え、その神饌の上に神酒を注ぐ。そして天皇も箸をとって召し上がる形をとる。この神事が「神饌親供《しんせんしんく》」で、悠紀・主基両殿内で行われる。

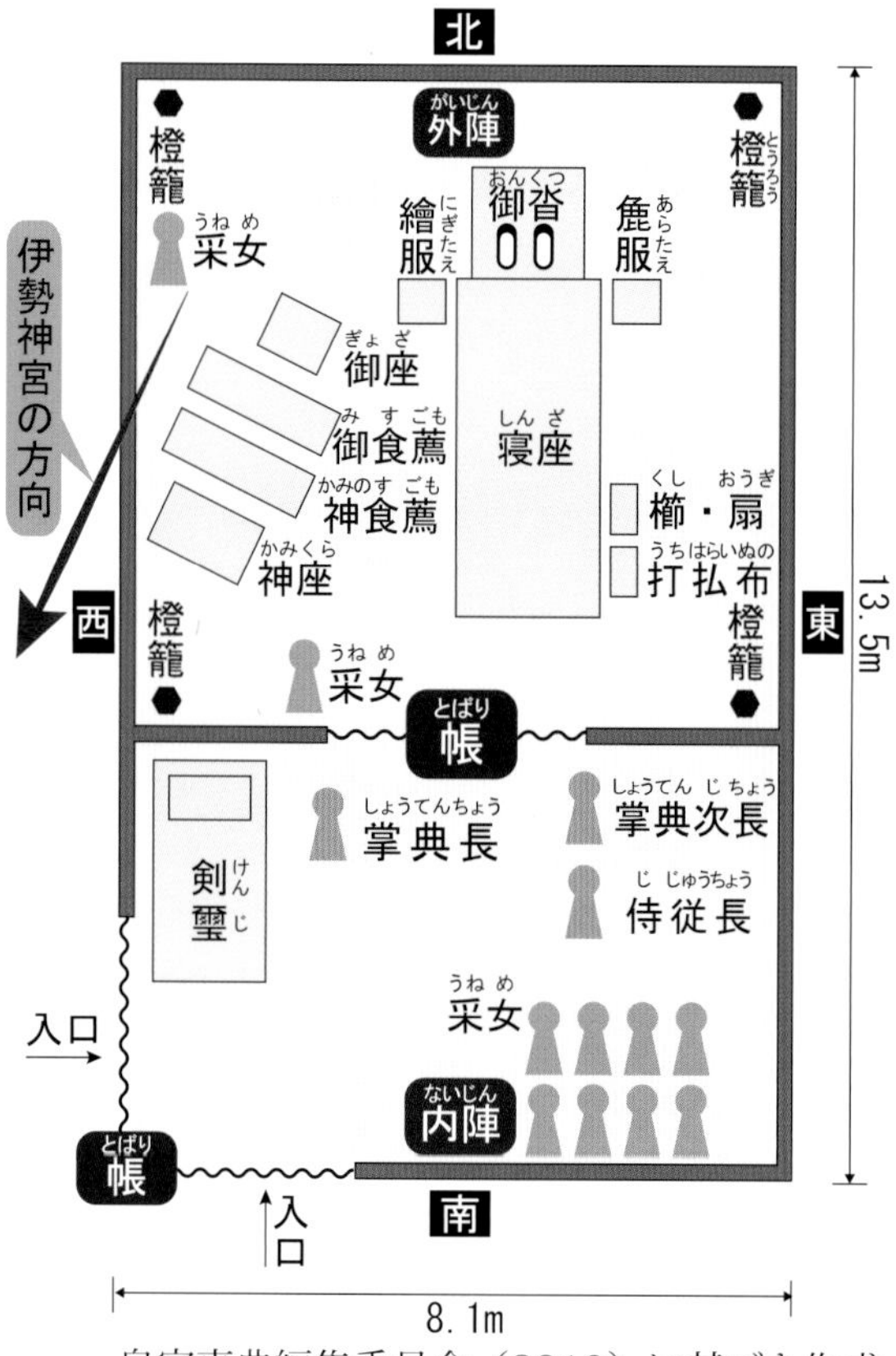

皇室事典編集委員会（2019）に基づき作成

＜悠紀殿・主基殿内部配置図＞

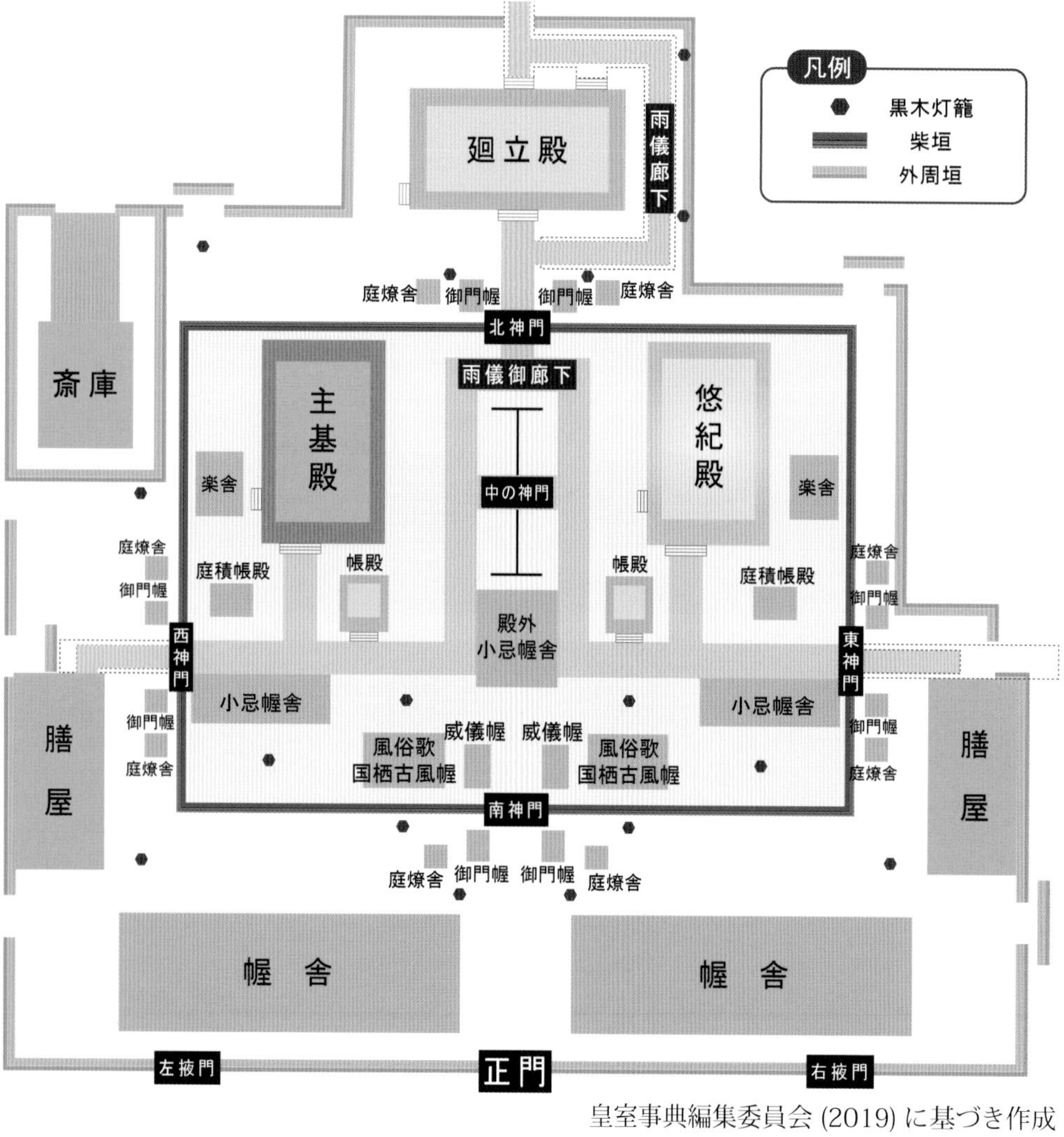

皇室事典編集委員会 (2019) に基づき作成

＜大嘗宮見取図＞

悠紀主基両地方新穀供納

令和元（二〇一九）年十月十五日に大嘗祭で使用する米を皇居・東御苑に建設中の大嘗宮に納める新穀供納式が、大嘗宮内にある斎庫《さいこ》前の斎舎で行われた。

午前十時過ぎ、御斎田（悠紀地方）で収穫された新米が納められた木箱を二人の奉耕者を従えた大田主の石塚氏が斎舎まで運んだ。新米は検分後、掌典《しょうてん》により榊《さかき》でお祓いを受け、斎庫に納められた。

午前十一時半頃には京都府南丹《なんたん》市の御斎田（主基地方）で収穫された新米も同様に検分され、お祓いを受けた後、斎庫に納められた。

＜皇居内で新米が納められた木箱を運ぶ大田主と奉耕者＞

ＪＡ栃木中央会提供

悠紀地方栃木より供納された「とちぎの星」

御斎田の決定にあわせて、供納する米の品種は「とちぎの星」とすることが発表された。ぷくっと大きく、豊かな甘さが特徴的な「とちぎの星」は、平成二七（二〇一五）年三月に品種登録された栃木県オリジナルの品種である。

栃木県はビール麦をはじめ麦の生産が盛んな地域として知られているが、麦と稲を好む害虫が媒介するウイルス病「イネ縞葉枯病《しまはがれびょう》」の対策が課題であった。既に「あさひの夢」等の耐病性《たいびょうせい》のある品種は普及していたが、耐病性だけでなく本県の栽培条件に適合し、さらに食味《しょくみ》のよい品種の開発が求められた。そこで栃木県農業試験場が、平成十四（二〇〇二）年に良食味の県オリジナル品種「なすひかり」を交配親とした品種開発を開始した。そして、耐病性、収量性《しゅうりょうせい》、食味等に優れ、高温耐性（高温でも米の品質低下が起きにくい性質）の「とちぎの星」が誕生した。

現地試験等での生産者やメーカーからも高い評価を受けており、日本穀物検定協会による食味ランキングで平成二九（二〇一七）年以降、四年連続で最高評価の「特A」を獲得している。

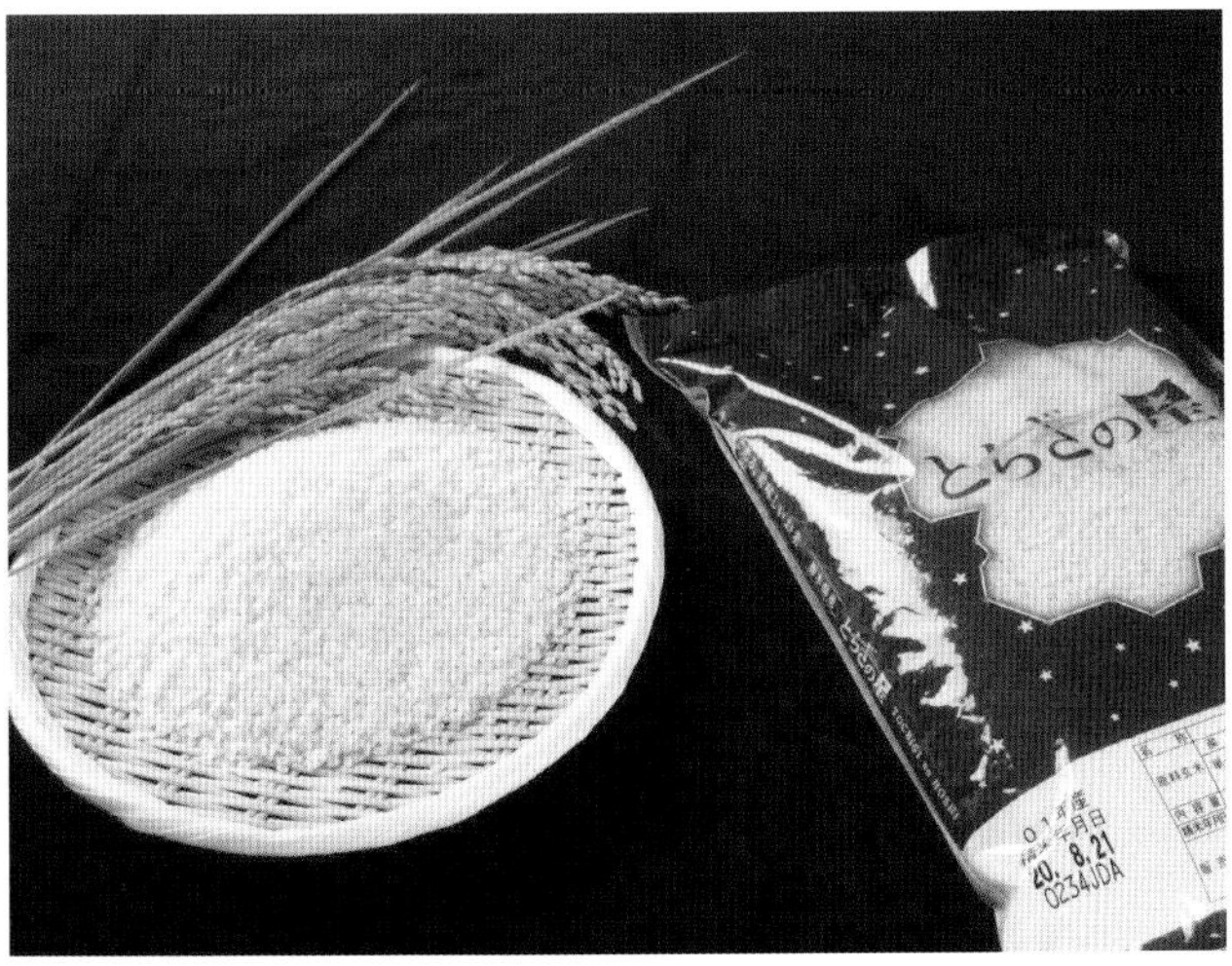

＜とちぎの星＞栃木県農政部生産振興課提供

今
…にかけて、皇位継承に伴う大嘗祭の重要祭祀「大嘗宮の儀」が行われた。天皇陛下の行動を中心とし…
陛下が廻…嘗宮の膳屋《かしわや》では楽師《がくし》が稲舂歌《いねつきうた》（P. 41参照）を発し、采女《うねめ》が稲舂を行い（新穀を精白《せいはく》する）、掌典《しょうてん》が神饌《しんせん》を調理した。…「庭積の机代物」（P. 42参照）が置かれ、掌典長が祝詞を奏した。その後、陛下は本殿にお進みになった。午後六時三十五分頃に…外陣の御座《ぎょざ》に着かれたとされる。次に皇后陛下が本殿南庭の悠紀殿脇の「帳殿」に入られた。次に式部官が楽師を率いて本殿南庭の所定の…に着き、国栖《くず》の古風の後、悠紀地方の風俗歌《ふぞくうた》（P. 43参照）を奏した。歌が終わると、皇后陛下は「帳殿」でご拝礼の後、廻立殿に戻られた。

午後七時過ぎに「神饌行立《しんせんぎょうりゅう》」（神饌などを行列を立てて本殿に持ち運ぶ）が始まった。悠紀殿外陣の御座から内陣の御座に進まれた陛下が、悠紀斎田の新穀で調理した神々へのお供え、御斎田の米で作った白酒《しろき》・黒酒《くろき》を、自ら次々と神座に捧げられた。続いて、陛下は神々に五穀豊穣などを感謝され、国家・国民のために安寧などを祈念され、御告文《おつげぶみ》を読み上げられ、続いて御直会《なおらい》として同じものを召し上がられた。午後九時三十分頃、陛下は悠紀殿を退出された。

一旦、廻立殿に戻られた陛下は、休息後、今度は、主基殿にお出ましになられ、「主基殿供饌の儀」が行われ、十五日午前三時十五分頃、約五時間半に及ぶ儀式を終えられた。

＜大嘗宮の儀において雨儀御廊下《うぎおろうか》を進まれる天皇陛下＞宮内庁提供

＜大嘗宮の儀において雨儀御廊下《うぎおろうか》を進まれる皇后陛下＞宮内庁提供

稲…春歌《…うた》

稲春…臼の中に入れて白米にすることである。その際歌われる稲春歌は、その時々に歌人に命じて新たに詠進されるもので、いずれも悠紀・主基地方の名所を詠み入れて即位を祝したものとなっている。今回の悠紀地方の稲春歌は歌人篠弘《しのひろし》氏が御斎田の所在地高根沢の地名を入れて詠み、それに宮内庁式部職楽部《しきぶしょくがくぶ》で、栃木の俚謡《りよう》を参考に作曲したものである。

年ごとに　稲田ひろごる高根沢　杵《きね》つく香り　町をうるほす

<高根沢町で設置した稲春歌の歌碑>
高根沢町提供

<稲穂が実る御斎田（斎田抜穂の儀当日）>高根沢町提供

庭積《にわづみ》の机代物《つくえしろもの》

膳屋にて楽師により稲春歌を発せられ、采女が稲春を行い、掌典により神饌が調理される。その後、大嘗宮本殿南庭の机には、各都道府県から納められた米・粟、特産品五品以内からなる庭積の机代物が置かれた。明治の大嘗祭の際に両斎国（悠紀＝甲斐《かい》国・主基＝安房《あわ》国）からの物産が悠紀・主基両殿の神前に供進されたことに始まり、大正時代以降、全国的になった。今回、栃木県からは左表の五品目が納められた。

＜庭積の机代物のうち栃木県産の米＞宮内庁提供

【栃木県より献納された庭積の机代物一覧】

	品目	数量	供納団体
一	精米	1.5kg	JAなす南
一	精粟	0.75kg	JAなす南
1	柚子	30個	JAうつのみや
2	苺（とちおとめ）	60個	JAおやま
3	二条大麦（もち絹香）	2kg	JA佐野
4	リンゴ	10個	JAしおのや
5	かぼちゃ（中山かぼちゃ）	3個	JAなす南

JA栃木中央会 情報提供

＜宮内庁での都道府県からの庭積の机代物受納の様子＞宮内庁提供

出版案内

2024 ● vol 57

39th

SINCE 1985

随想舎

〒320-0033 宇都宮市本町10-3 TSビル
TEL 028-616-6605 ／ FAX 028-616-6607
振替 00360-0-36984
URL https://www.zuisousha.co.jp/
E-Mail info@zuisousha.co.jp

●小舎出版物を書店でお求めのさいは「地方・小出版流通センター扱い」とご指定下さい。値段はすべて本体価格を表示してあります。
また、インターネットでもご注文できます。ぜひご利用下さい。

「随想舎出版図書総目録」進呈

2024-9-10000

［完全ガイド］関東・越後の避難小屋114

高橋信一

西丹沢・奥秩父多摩から谷川連峰・越後三山など関東・越後の全山小屋を収録。現地調査による詳細間取図・内部写真をはじめ、周辺地図・位置・小屋構造・築年・収容人数・管理・問合せ先・備品・水場・トイレなどのデータを満載。山行への実践的ガイド。　A5判／一五二頁／一九八〇円

栃木百名山の山名由来

手塚晴夫

山は歴史の生き証人。「単なるピークハンターではなく、山と語りあう登山はできないだろうか。山の歴史や山が立つ地域の文化・民俗などに目を向ける登山である」。栃木百名山の山名由来・地名由来を訪ね、山の歴史や地域の文化・民俗に思いを馳せる。A5判／二二四頁／一九八〇円

とちぎの山102山

山登りで出会った昆虫たち

稲泉三丸

栃木百名山を中心にチョウやトンボを追いかけ、甲虫類を見つけて歩いた「虫採り山歩」。全国的にも珍虫で知られるハラグロノコギリゾウムシや、栃木県初記録となったツヤヒメアリガタバチなどオールカラーで紹介。　四六判／三一六頁／一九八〇円

バードウォッチングに行こうよ！

とちぎの探鳥地ガイド

日本野鳥の会栃木［編］

奥日光をはじめ那須、渡良瀬遊水地などバードウォッチングのメッカ33コースを、野鳥の写真と共にオールカラーで紹介したガイドブック。フィールドマナーや羽標本の作り方なども掲載。地図、コラムも充実して初心者に最適な一冊。　A5判／一六〇頁／一九八〇円

［改訂］田中正造と足尾鉱毒事件を歩く

布川了［文］・堀内洋助［写真］

足尾から渡良瀬川流域、旧谷中村など田中正造と鉱毒事件に関わる78地点を徹底ガイド。改訂を機に撮り下した写真、地図、交通など、フィールドワークに必要な情報を満載。正造の声に直接ふれるガイドの決定版!!　A5判／一四〇頁／一六五〇円

古河鉱業に長く勤め、金属鉱山研究会を創設した氏が、長年の成

〈第十一回随想舎歴文研出版奨励賞〉四六判／一五六頁／一六五〇円

廃校の危機を乗り越えた城山西小学校

孝子桜のある日のお話

やまなかももこ［絵・文］

廃校の宣告を受けた城山西小は、学校・行政・地域の団結で危機を乗り越えた。校庭の真ん中に咲く孝子桜は学校の衰退とともに枯れ始めたが、その復活とともに奇跡的に甦った。孝子桜と地域の人々をめぐる絵本。

Ａ４判／三二頁／一五四〇円

シルビアものがたり

文／中村和夫・絵／谷崎美桜子

さくら市の天然記念物に指定される絶滅危惧種、ロマンに満ちた小さな蝶シルビアシジミの発見までの様子をまとめた既刊『シルビア物語』（中村和夫）を子どもたちにも分かりやすいように絵本にした。自然に親しむ一冊。

Ａ４横判／二八頁／一三二〇円

小さな巴里物語

livrer リブレ

MAQUIA（マキア）［絵・文］

大人にだって夢が必要　大人にこそ夢が必要
女流画家MAQUIAが贈る
パリ、サンジェルマン・デ・プレで織りなす物語

Ａ４変形判／六四頁／二二〇〇円

室井秀貴のライフスタイルⅡ

那須暦七十二候

Mrs. Posie

里山を再生し、ＳＤＧｓを自ら創造した空間がここにある。那須高原の豊かな自然に育まれた四季を通して語る季節のうつろい。１００年先を紡ぐ七十二候のワイナリー物語。美しい那須の風景写真多数収録。

Ａ５判／一六〇頁／一九八〇円

ある男の物語

ラプソディ イン フィリピン

多田昌則

波瀾万丈の半生記!!厳しく、逞しく、建設業界を駆け抜けた男がいた。小笠原諸島、南鳥島、硫黄島と渡り歩いた末、最後に5万円を握りしめて彼はフィリピンに降り立った。

発売＝柘植書房新社　四六判／七七六頁／二九七〇円

悠紀地方の風俗歌《ふぞくうた》

元々、万葉集に見えるようなその国で行われていた俗謡《ぞくよう》の中から当該地方における民情に触れている歌を二、三首選びこれを風俗歌としていた。それが、悠紀・主基地方における名所の地名を詠む新作歌となり、現在に至る。

今回の悠紀地方の栃木については、歌人篠弘氏が下野市の天《てん》平《ぴょう》の丘の地名を入れて詠み、それに宮内庁式部職楽部で、栃木の俚謡《りよう》（民間の歌）・音曲《おんぎょく》（音楽、あるいは音楽を用いた芸能）を考慮して、作曲した。

三月の　淡墨桜《うすずみざくら》を皮切りに　咲き広がれる　天平の丘

天平の丘公園

八世紀に聖武天皇によって建立された「下野国分寺《しもつけこくぶんじ》・国分尼寺跡地《こくぶんにじあとち》」や、国指定重要文化財の「甲塚《かぶとづか》古墳出土遺物」を展示している「しもつけ風土記《ふどき》の丘資料館」がある、歴史薫る公園である。本県有数の桜の名所でもあり、天平の花まつり期間は二〇万人以上の見物客が訪れる。

春は「天平の花まつり」、夏は「しもつけ燈桜会」、秋は「天平の芋煮会」、冬は「天平マラソン」と、市のイベント開催場所にもなっており、通年で楽しめるスポットである。

<天平の丘公園の薄墨桜>下野市提供

大饗《だいきょう》の儀《ぎ》

古くは、大嘗祭の後の三日間に新穀を供した悠紀国・主基国の人々による歌舞等が展覧される節会（辰日悠紀節会・巳日主基節会）がそれぞれ行われていた。大正時代に、これらの節会が「大饗の儀」としてまとめられ、一括して執り行われるようになった。

令和の「大饗の儀」は、大嘗祭の参列者を二回に分けて十一月十六日及び十八日の両日にわたり宮殿内の豊明殿《ほうめいでん》で行われた。十六日の第一日目には内閣総理大臣、国務大臣、衆参両院議長のほか、悠紀・主基地方から栃木県及び京都府の知事及び議会議長、栃木県及び京都府の農業協同組合中央会会長、栃木県及び京都府の御斎田の大田主及びその配偶者が参列するなど約二九〇人が出席し、一時間半にわたって行われた。

饗宴場の配置は、以下の通りである。天皇陛下の玉座《ぎょくざ》と皇后陛下の御座《ぎょざ》は、北部中央にあり、玉座の西側に毯代《たんだい》（絹織物の敷物）を敷いた台の上に剣璽案《けんじあん》（草薙剣《くさなぎのつるぎ》と八尺瓊曲玉《やさかにのまがたま》を安置した棚）が置かれる。玉座・御座の前面左方に鷺足机《さぎあし》を据え、花足机《けそく》に載せた銀製の洲濱《すはま》が置かれ、松と桐の銀製の御挿華《かざし》を添えられる。また前面右方には白色の緞子《どんす》の卓被をかけた小机には、大嘗宮で使用されたものと同様の白酒・黒酒を容れた平居瓶《ひらすえへい》（赤色の素焼・平型）と瓶子《へいし》がそれぞれ一個載せられている。玉座の東方北側に西面して悠紀地方風俗歌屏風が、東面して主基地方風俗歌屏風が立てられる。玉座から見て南には、東方に悠紀地方・西方に主基地方の献物が置かれた白木の雲脚の台が置かれる。中央には舞台が設営させれており、宮内庁楽部による新作の悠紀地方風俗舞をはじめ伝統的な歌舞も披露された。

＜大饗の儀（第１日目）＞宮内庁提供

＜大饗の儀　参列者の御膳＞宮内庁提供

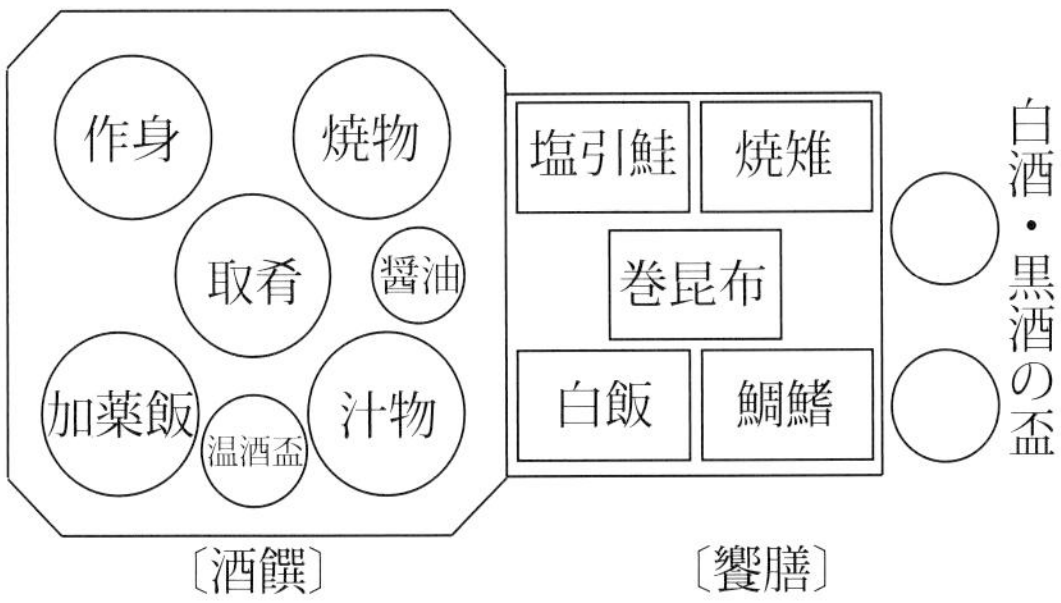

＜大饗の儀参列者のお膳付立図＞

上記の写真は、「大饗の儀」第１日目の御膳である。

饗膳の白米は大嘗宮の儀で用いられたものと同様、悠紀・主基地方の御斎田で収穫された新穀を炊いたものである。また、雉や鯛等、縁起の良い食べ物が並んでいる。

大正・昭和の御大礼では、フランス料理であったが、平成と今回の令和の御大礼では日本料理の御膳となっている。

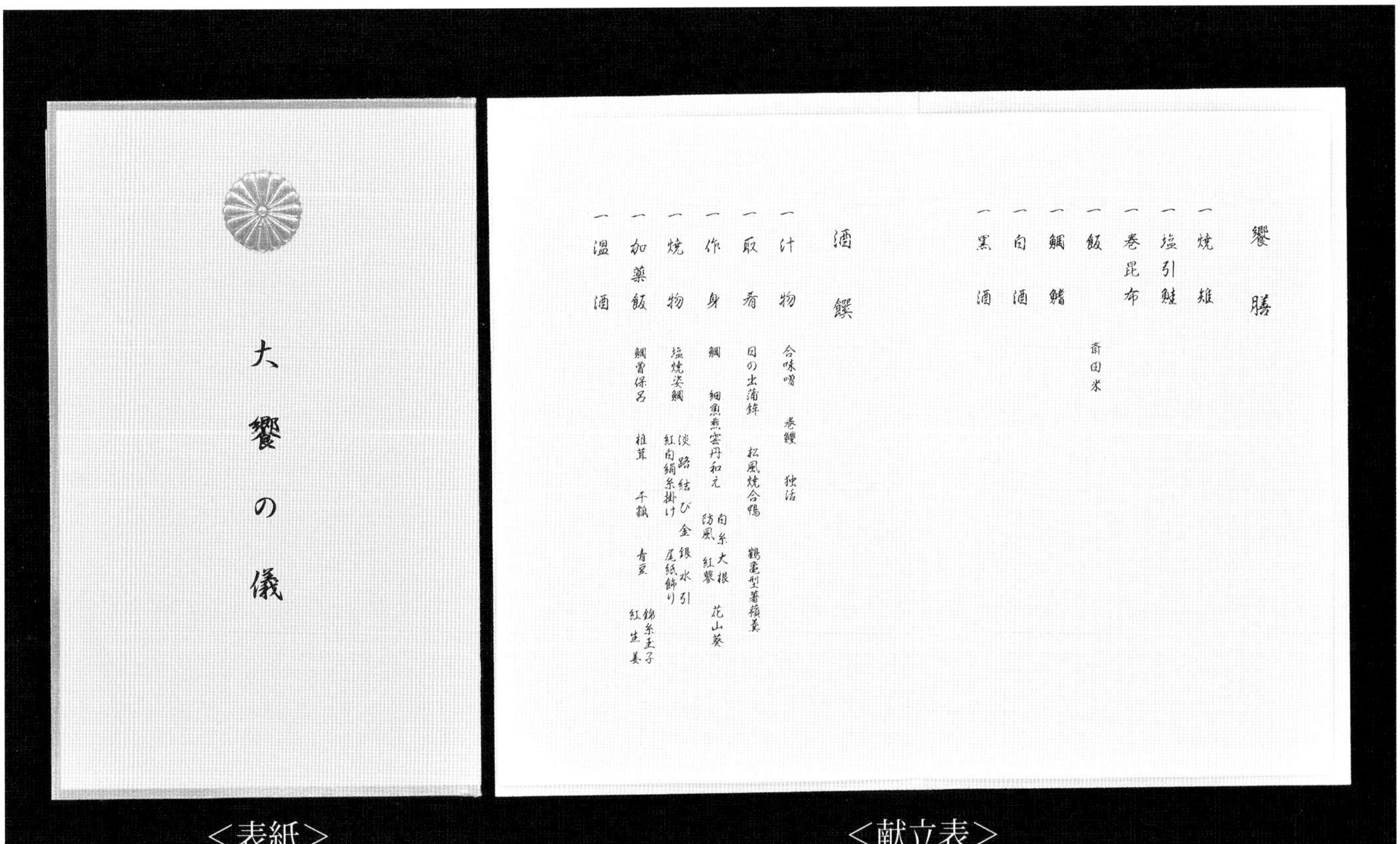

＜表紙＞　＜献立表＞

25　大饗《だいきょう》の儀献立《ぎこんだて》　令和元 (2019) 年　石塚毅男氏

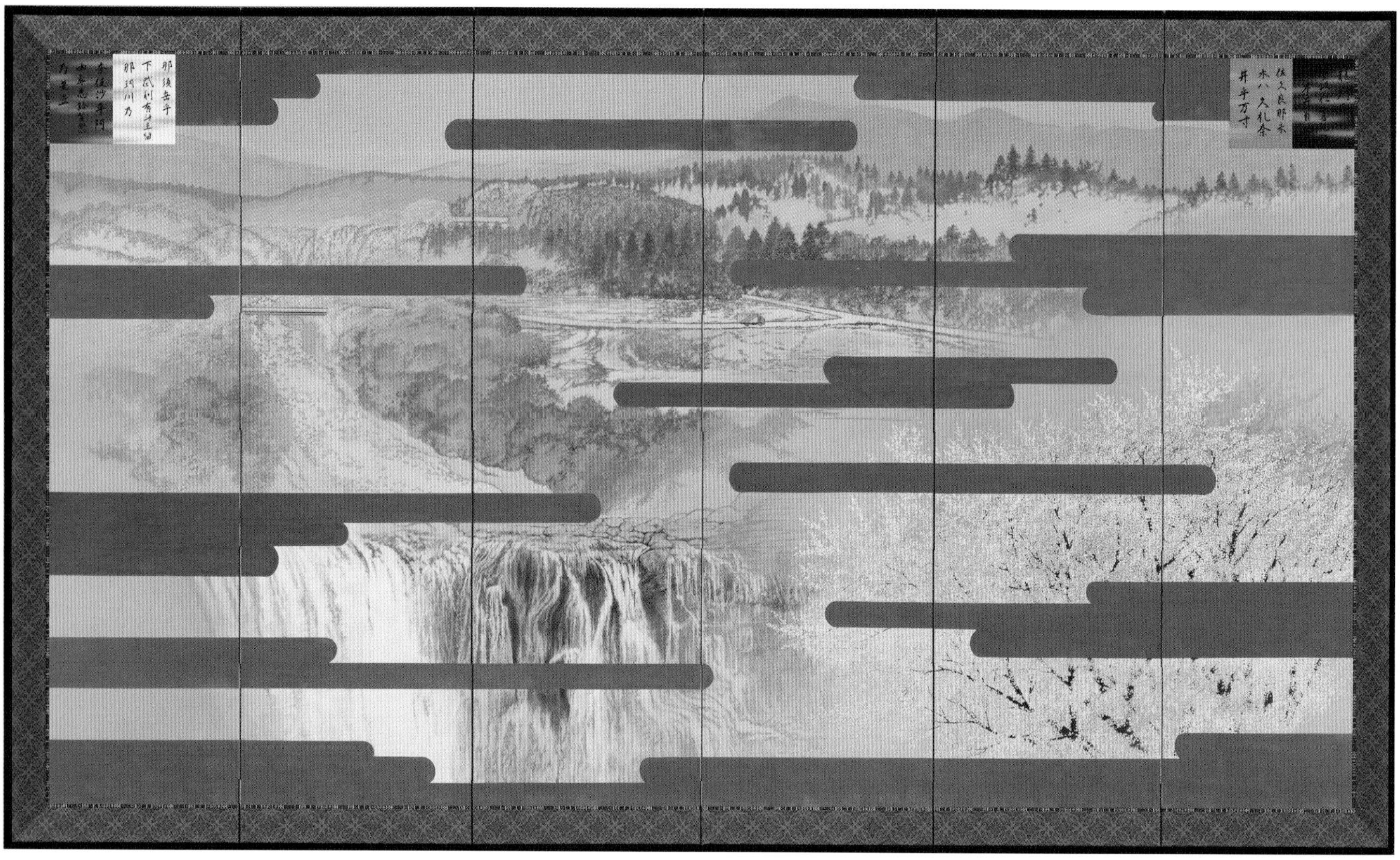

（右隻）

■屏風絵

（右隻）

春　龍門《りゅうもん》の滝と桜

夏　那須連山に那珂川

■和歌

春【龍門の滝と桜】

龍門の滝にかかれる夕虹に桜並木はくれなゐを増す

夏【大河那珂川】

那須岳を源流とする那珂川の渚《なぎさ》をあゆむしろがねの水

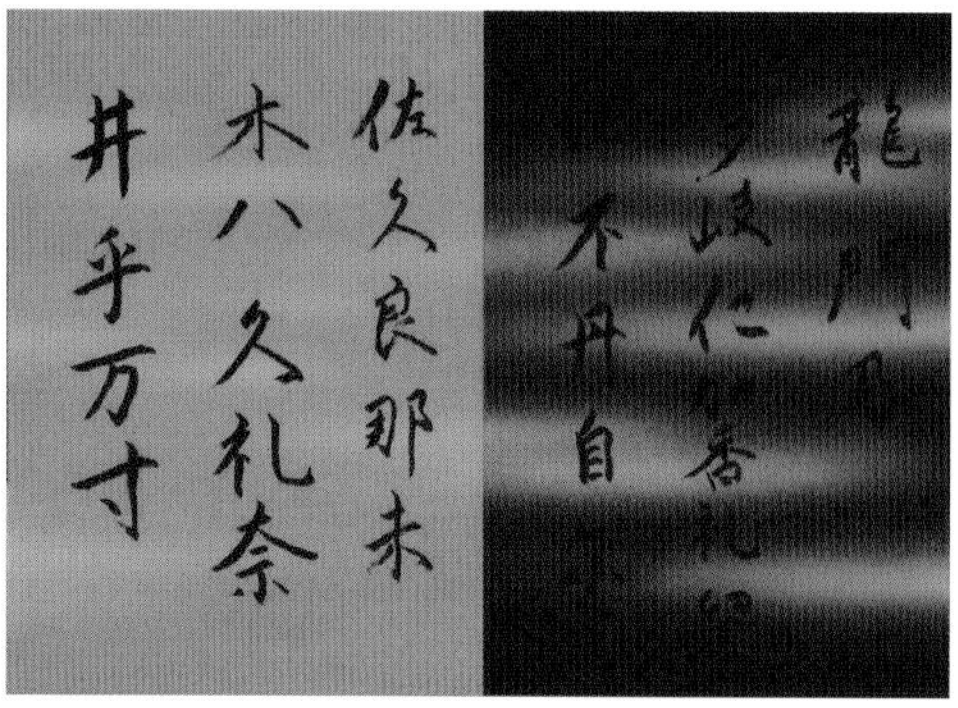
佐久良那未
木八久礼奈
井乎万寸

龍門乃
多岐仁加香礼留
由不丹自尓
佐久良那未
木八久礼奈
井乎万寸
〔色紙：紅躑躅《べにつつじ》（蘇芳《すおう》・淡紅）〕

<春>

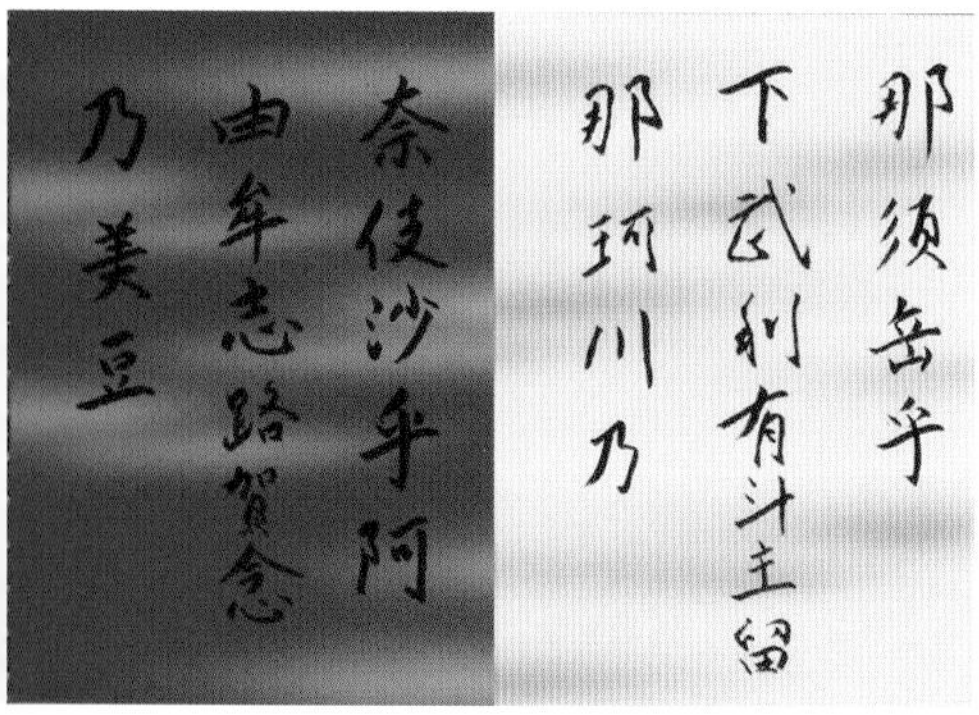
那須岳乎
下武利有斗主留
那珂川乃
奈伎沙乎阿
由牟志路賀念
乃美豆

那須岳乎
下武利有斗主留
那珂川乃
奈伎沙乎阿
由牟志路賀念
乃美豆
〔色紙：卯《う》の花（白・青）〕

<夏>

26　悠紀地方風俗歌屏風《ゆきちほうふぞくうたびょうぶ》　和歌：篠弘詠筆《しのひろしえいひつ》　絵：田渕俊夫筆《たぶちとしおひつ》　六曲一双　令和元 (2019) 年　宮内庁

今回の令和の御大礼のために制作され、大饗の儀で披露された調度の一つで、高さ 2m を越える大型の屏風である。

本資料の絵は、画家田渕俊夫氏（日本美術院理事長・東京藝術《げいじゅつ》大学名誉教授）により悠紀地方栃木の名勝の四季の情景が描かれ、歌人篠弘氏（愛知淑徳《しゅくとく》大学名誉教授）が揮毫《きごう》した和歌の色紙が貼られている。春は龍門の滝（那須烏山市）、夏は那珂川（那須町・大田原市・那須烏山市・茂木町）、秋は三毳山《みかもやま》（栃木市・佐野市）、冬は戦場ヶ原と男体山（日光市）をそれぞれ題材としている。貼られる和歌には、万葉仮名が使用されている。

（左隻）

三毳山乎
宇米都九子多留
古布埃不乃
奇半野可奈流
八自矢有土乎
志目寸
〔色紙：紫苑《しおん》（紫・蘇芳）〕

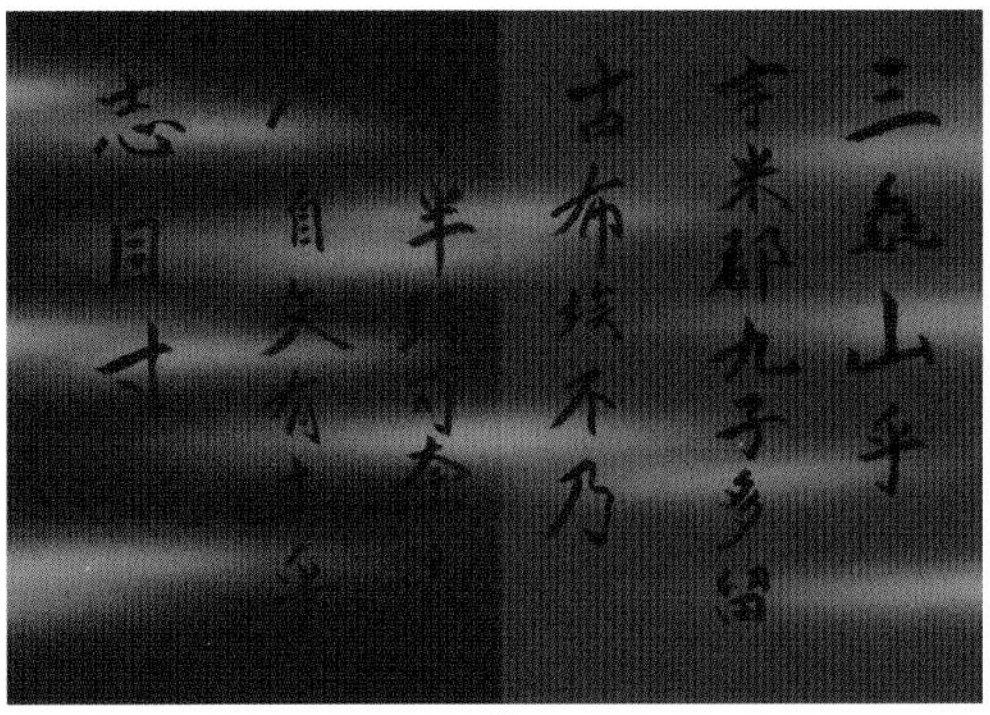

三毳山乎
宇米都九子多留
古布埃不乃
奇半野可奈流
八自矢有土乎
志目寸

<秋>

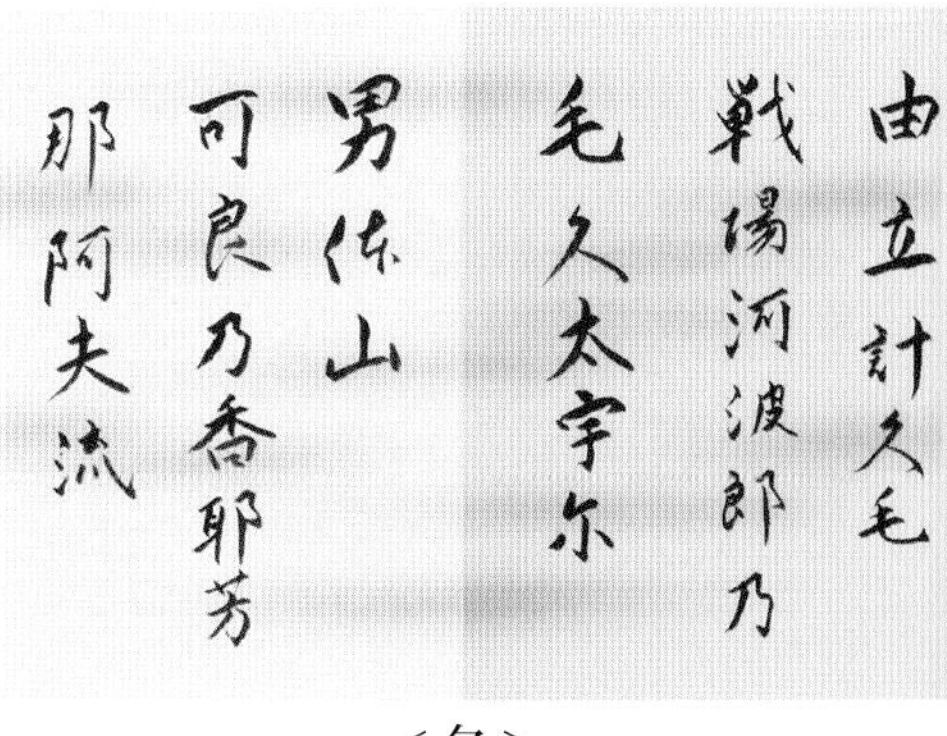

由立計久毛
戦場河波郎乃
毛久太宇尓
男体山
可良乃香耶芳
那阿夫流

<冬>

由立計久毛
戦場河波郎乃
毛久太宇尓
男体山
可良乃香耶芳
那阿夫流
〔色紙：氷重《こおりがさね》（鳥の子・白）〕

■屏風絵

（左隻）

秋　三毳山周辺の田園風景

冬　日光戦場ヶ原・小田代ヶ原《おだしろがはら》・男体山

■和歌

秋【三毳山の紅葉】

三毳山を埋めつくしたる紅葉のきはやかなるは浄土をしめす

冬【戦場ヶ原と男体山】

ゆたけくも戦場ヶ原の木道に男体山からの風花《かざはな》浴ぶる

春　龍門の滝

那須烏山市滝にあり、那珂川の支流、江川にかかる。高さ二〇メートル、幅六五メートルの横幅のある滝で、中段には直径約四メートルの男釜《おがま》、約二メートルの女釜《めがま》と呼ばれる深い甌穴《おうけつ》（縦穴）がある。この大釜が大蛇伝説を持つことが龍門の滝と呼ばれるようになった所以《ゆえん》とされる。落水の景は見事で、滝壺にはポットホールが存在する。民話によると男釜から大蛇があらわれ、近隣にある太平寺《たいへいじ》の仁王門に七巻半ほど巻き付いたという。

滝から見上げる位置に烏山線が走っており、春には、電車・滝・桜が一枚の写真におさまるので、絶好の撮影スポットとしても知られている。

＜龍門の滝の近景＞

＜桜と龍門の滝＞坂崎絢子氏提供

夏　那須連山と那珂川

那須連山は、那須五峰と称される茶臼岳《ちゃうすだけ》、三本槍岳《さんぼんやりだけ》、朝日岳《あさひだけ》、南月山《みなみがっさん》、黒尾谷岳《くろおやだけ》のほか、白笹山《しらささやま》などの総称である。古くから信仰の対象で修験《しゅげん》の山としても知られる。山麓には高雄温泉《たかおおんせん》をはじめ湯本、三斗小屋《さんどごや》、板室《いたむろ》など数多くの温泉が湧出し、古くから湯治客《とうじきゃく》で賑《にぎわ》う。

那珂川は本県三大河川の一つで、朝日岳の北西斜面に発し、那須野が原に出て南東へ、余笹川《よささがわ》・箒川《ほうきがわ》・荒川《あらかわ》・武茂川《むもがわ》・逆川《さかがわ》などの河川と合流し、茂木町より東の茨城県へと向かい、太平洋へと流れている。水質が良く、水量も豊富な那珂川では、五十種類以上の魚の生息が確認されている。流域には多くの釣り場が存在し、特に鮎釣りのメッカとして知られる。そのほか、鮭が遡上《そじょう》する川でもあり、川淵に瀞《とろ》みを造っておとりの鮭をつなぎ、投網《とあみ》や針で捕らえる鮭漁が行われている。

<那須ロープウェイから見た茶臼岳山頂>

<西岩崎ポケットパークから望む那珂川と雲に隠れる那須連山>

秋　三毳山《みかもやま》の紅葉

かつては三鴨とも書かれ、現在の佐野市と栃木市との境にある標高二二九メートルの山である。関東平野に突き出ていることから、山頂は眺望に優れ、北の日光連山や東の筑波山、遠くは富士山まで望むことができる。

万葉集の「東歌《あずまうた》」に、下野国の歌が二首収められているが、そのうちの一つは三毳山を詠んだ歌である。「下毛野《しもつけ》の　みかもの山の　小《こ》楢《なら》如《の》す　目細《まぐは》し児《こ》ろは　誰《た》が笥《け》か持たむ」〔下野の三毳山に生えている小楢のように、みずみずしく、見目美しい乙女は、だれのお椀を持つのだろうか（誰の妻になるのだろうか）〕という意味の歌である。

三毳山の紅葉の見頃は、例年十一月中旬から下旬頃である。みかも山公園から山頂に至るハイキングルートが整備されている。

＜三毳神社境内の万葉集歌碑＞

＜南東より望む秋の三毳山＞

冬　戦場ヶ原と男体山

男体山は、標高二四八六メートルの高山で、古くから霊山《れいざん》として信仰の対象とされている。戦場ヶ原は、日光国立公園内にある高層湿原で、男体山（大蛇）と赤城山《あかぎやま》（ムカデ）の神戦譚《しんせんたん》がその名称の由来とされる。

男体山及び戦場ヶ原一帯は高山植物の宝庫で、一年を通して楽しめるが、冬はこの時期ならではの風景がまた格別である。奥日光は、十二月〜三月にかけては平均気温が０℃を下回り、寒さが厳しい。その一方で、晴天時には空が澄み渡り、雪が降り積もった男体山が中禅寺湖の湖面に映りこみ、その姿は非常に美しい。また、戦場ヶ原には、雪が降り積もり、広大で緩《ゆる》やかな雪原が広がり、樹氷《じゅひょう》やダイヤモンドダスト等、珍しい自然現象が見られることでも有名である。赤沼《あかぬま》〜戦場ヶ原〜湯元間は、スノーシュー（西洋かんじき）やクロスカントリーの人気のコースとなっている。

＜戦場ヶ原の木道とズミの木＞
相ヶ瀬 正史氏提供

＜中禅寺湖より見た冬の男体山＞相ヶ瀬 正史氏提供

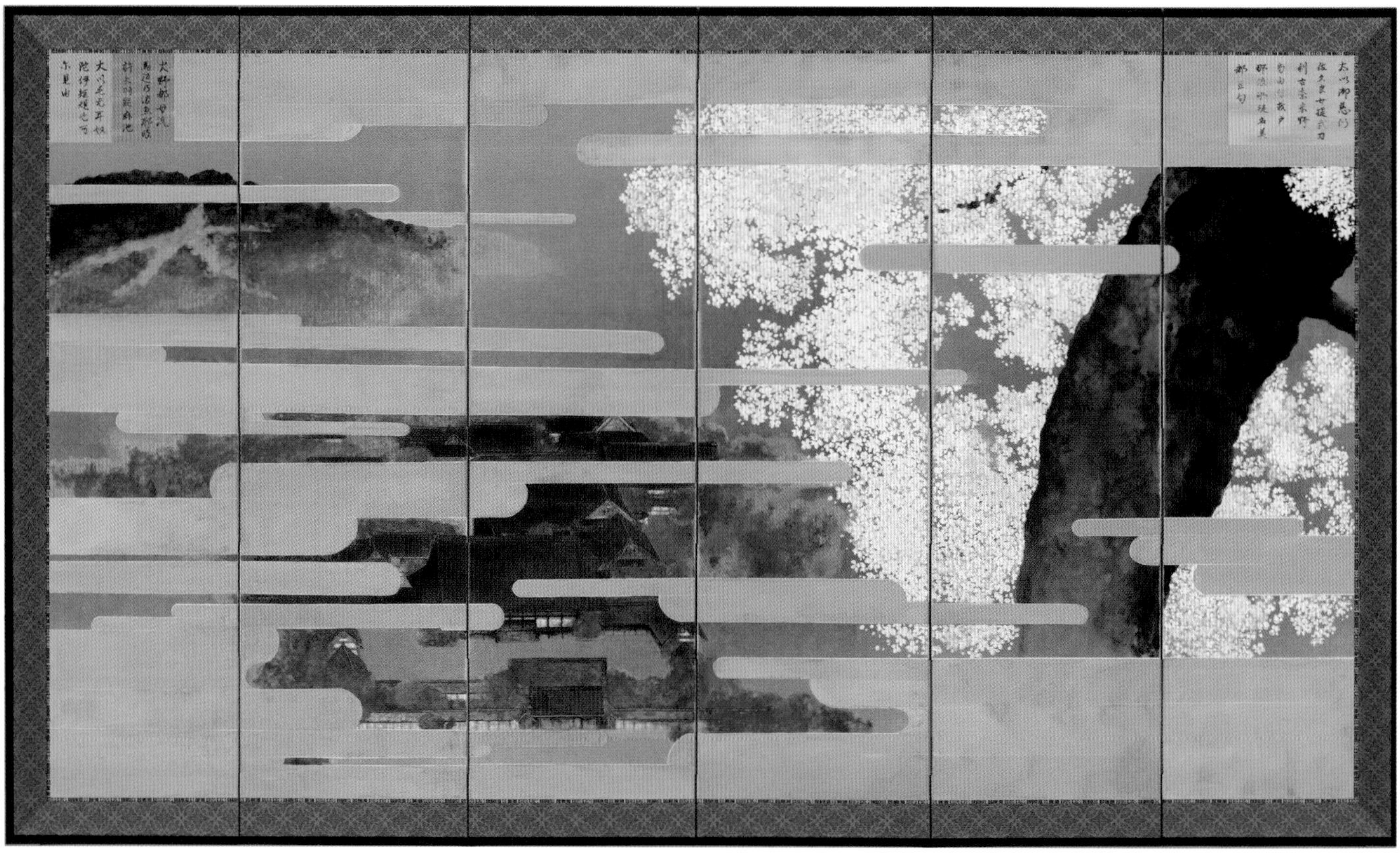

（右隻）

■屏風絵
（右隻）
春　醍醐寺《だいごじ》の桜　背景に俯瞰《ふかん》の京都御所
夏　大文字山《だいもんじやま》

■和歌
春【醍醐寺の桜】
醍醐寺に桜愛《め》でむととこなめの絶ゆることなき人波つづく

夏【大文字山】
火のともるまへの華やぎ京の町大文字の大くきやかに見ゆ

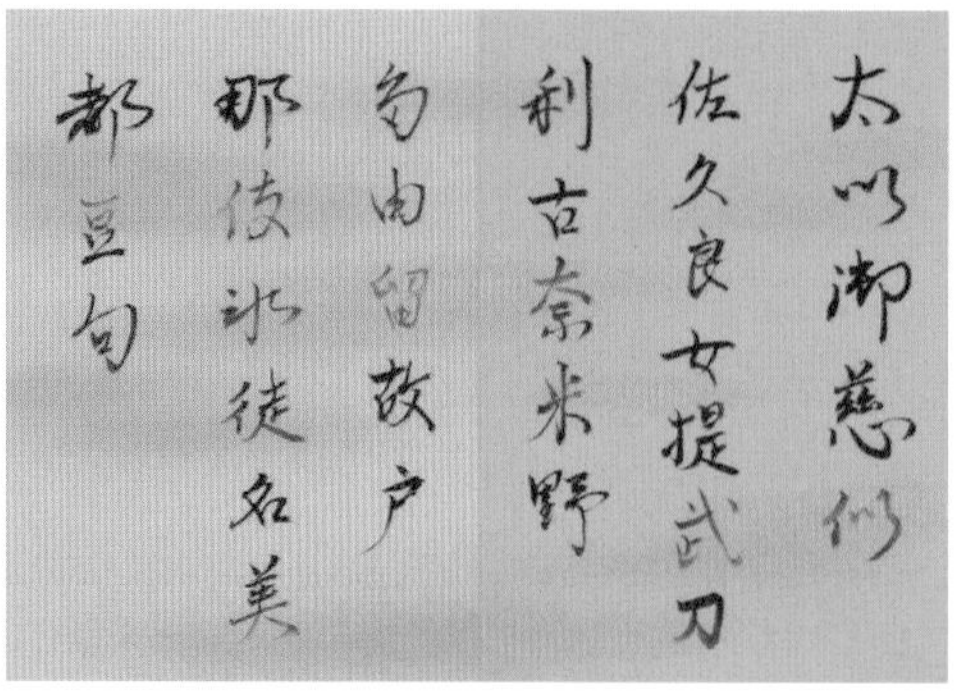
太以御慈似
佐久良女提武刀
利古奈米野
多由留故戸
那伎氷徒名美
都豆句

＜春＞

太以御慈似
佐久良女提武刀
利古奈米野
多由留故戸
那伎氷徒名美
都豆句
〔色紙：桜（淡紅梅《うすこうばい》・朽葉《くちば》）〕

火野都母流
馬返乃波魚耶岐
杵矢羽能麻池
大以毛无耳奴
陀伊矩規也可
尓見由
〔色紙：新樹（水浅葱《みずあさぎ》・瓶覗《かめのぞき》）〕

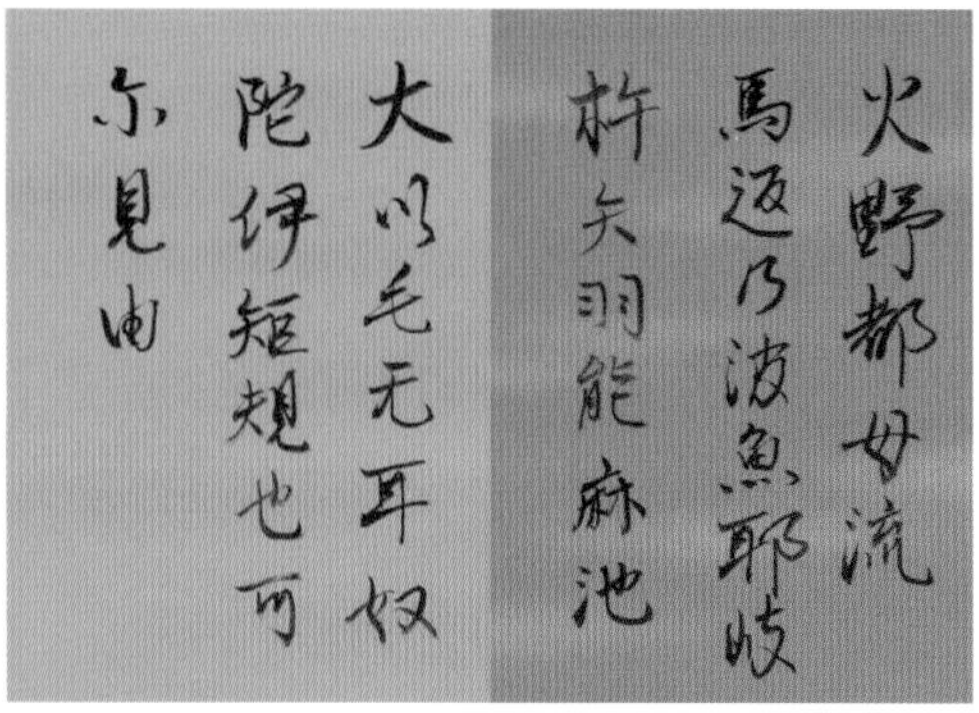
火野都母流
馬返乃波魚耶岐
杵矢羽能麻池
大以毛无耳奴
陀伊矩規也可
尓見由

＜夏＞

参考資料　主基地方風俗歌屏風《すきちほうふぞくうたびょうぶ》　和歌：永田和宏詠筆《ながたかずひろえいひつ》　絵：土屋禮一筆《つちやれいいちひつ》　令和元 (2019) 年　宮内庁

本資料は、悠紀地方風俗歌屏風 (No.26) と対になる屏風である。

本資料の絵は、画家土屋禮一氏（日展副理事長兼事務局長・金沢美術工芸大学名誉教授）により主基地方京都の名勝の四季の情景が描かれ、歌人永田和宏氏（ＪＴ生命誌研究館館長）が揮毫《きごう》した和歌の色紙が貼られている。春は醍醐寺（京都府京都市伏見区）、夏は大文字山（京都府京都市左京区）、秋は嵐山（京都府京都市右京区）、冬は天橋立（京都府宮津市）等を題材としている。貼られる和歌には、悠紀地方風俗歌屏風同様、万葉仮名が使用されている。

（左隻）

遊琉野加似
渡月乃芳偲乎
九具梨湯矩
弥都阿里毛味
地波伎思你
制馬理津
〔色紙：菊露（瓶覗・水浅葱）〕

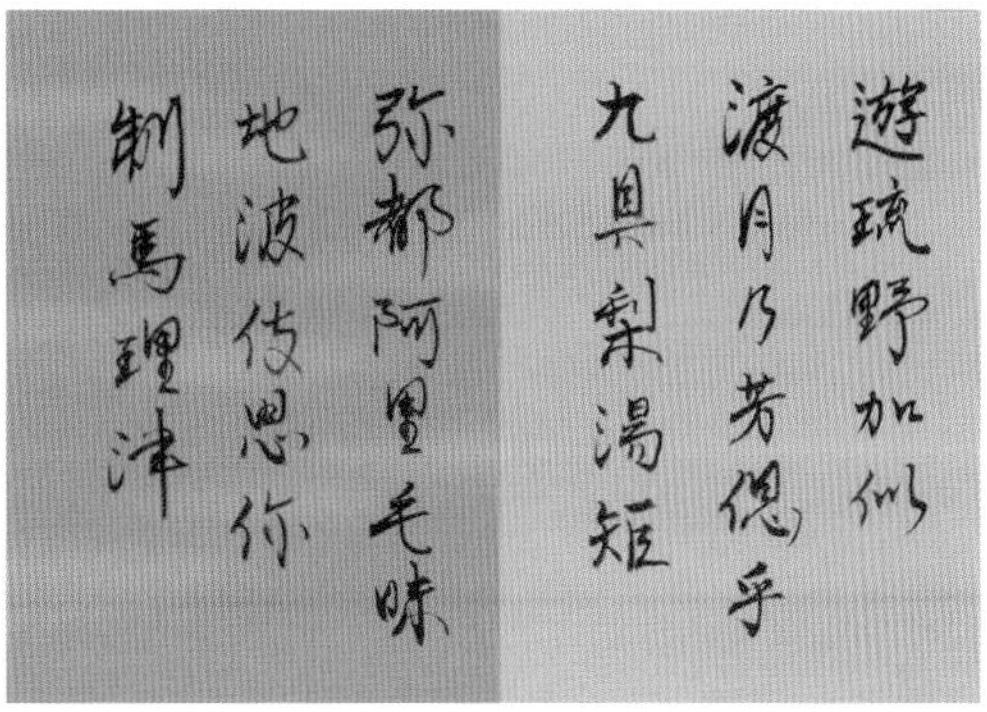

＜秋＞

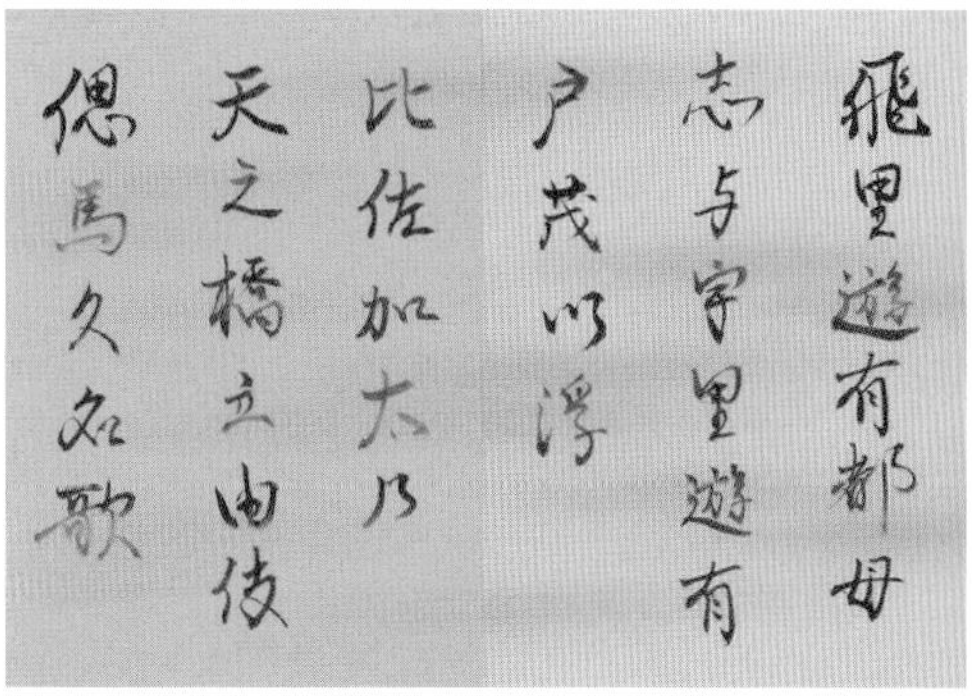

＜冬＞

飛里遊有都母
志与宇里遊有
戸茂以浮
比佐加太乃
天之橋立由伎
偲馬久名歌
〔色紙：山茶花《さざんか》（朽葉・淡紅梅）〕

■屏風絵
（左隻）
秋　嵐山・渡月橋《とげつきょう》の紅葉　京都府の草花「嵯峨菊《さがぎく》」
冬　天橋立の雪景

■和歌
秋【渡月橋の紅葉】
ゆるやかに渡月の橋をくぐりゆく水あり紅葉は岸にせまりつ
冬【天橋立の雪景】
飛龍とも昇龍とも言ふひさかたの天橋立雪しまくなか

御挿華《かざし》・洲濱《すはま》

「大饗の儀」において、天皇皇后両陛下の御座の前方の鷺足《さぎあし》台と花足《けそく》台の上に飾り置かれた銀製の置物である。御挿華は、古くから神が宿る神聖な木とされる松と知徳の最もすぐれた君主である聖君が治める世に現れるとされる鳳凰《ほうおう》を暗示する桐の枝を模したものである。洲濱は、蓬莱《ほうらい》の島に鶴亀、松竹等を配し、長寿延命《ちょうじゅえんめい》の祝儀《しゅうぎ》の画様や調度とした饗宴の飾りの置物に倣《なら》い、悠紀・主基地方の風景を現している。特に悠紀地方からは、春の龍門の滝と桜、夏の那須連山（茶臼岳）、秋の三毳山周辺の田園風景が表現されている。

前田《まえだ》宏智《ひろとみ》氏（東京藝術大学教授）により制作された作品である。

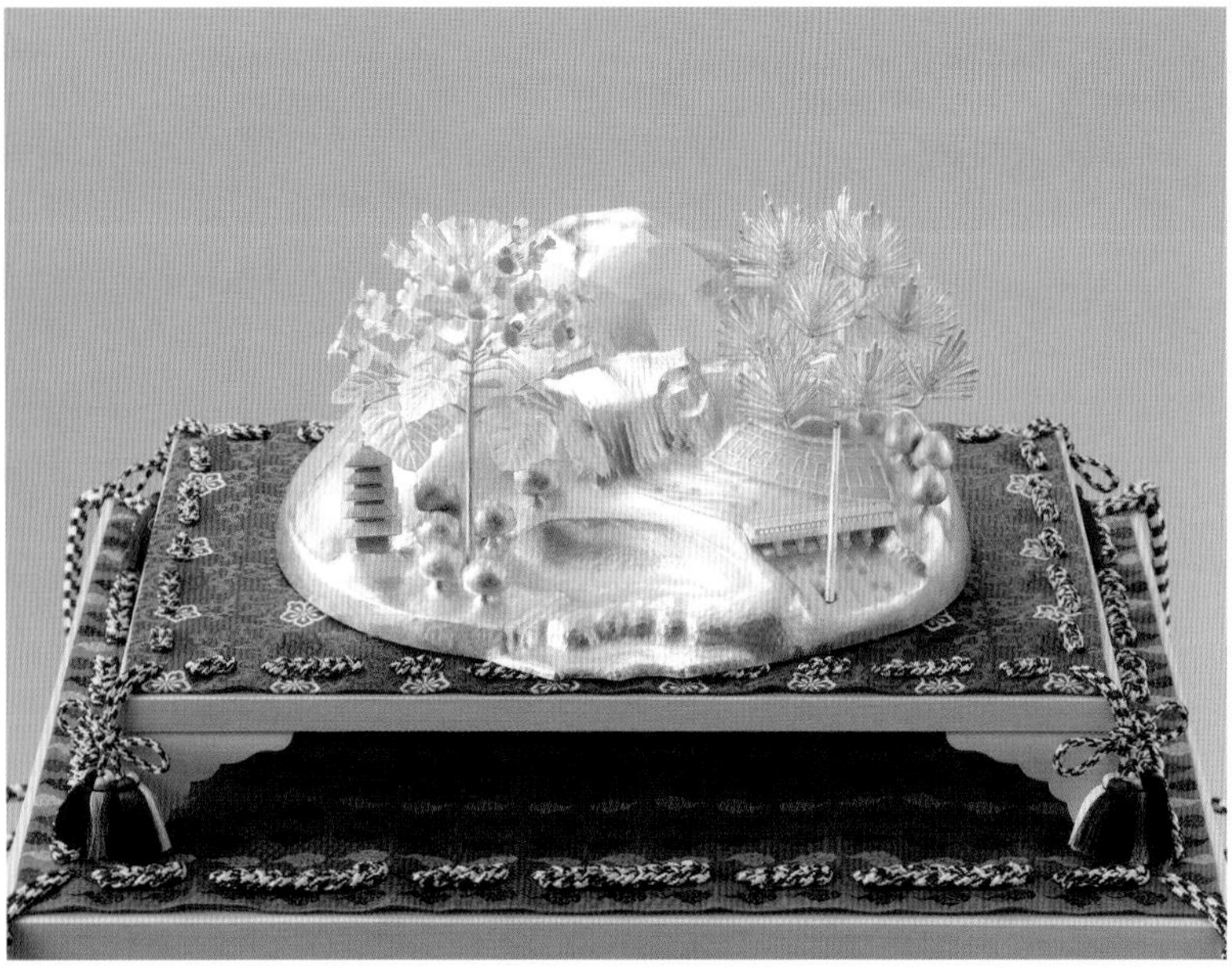
＜御挿華・洲濱＞宮内庁提供

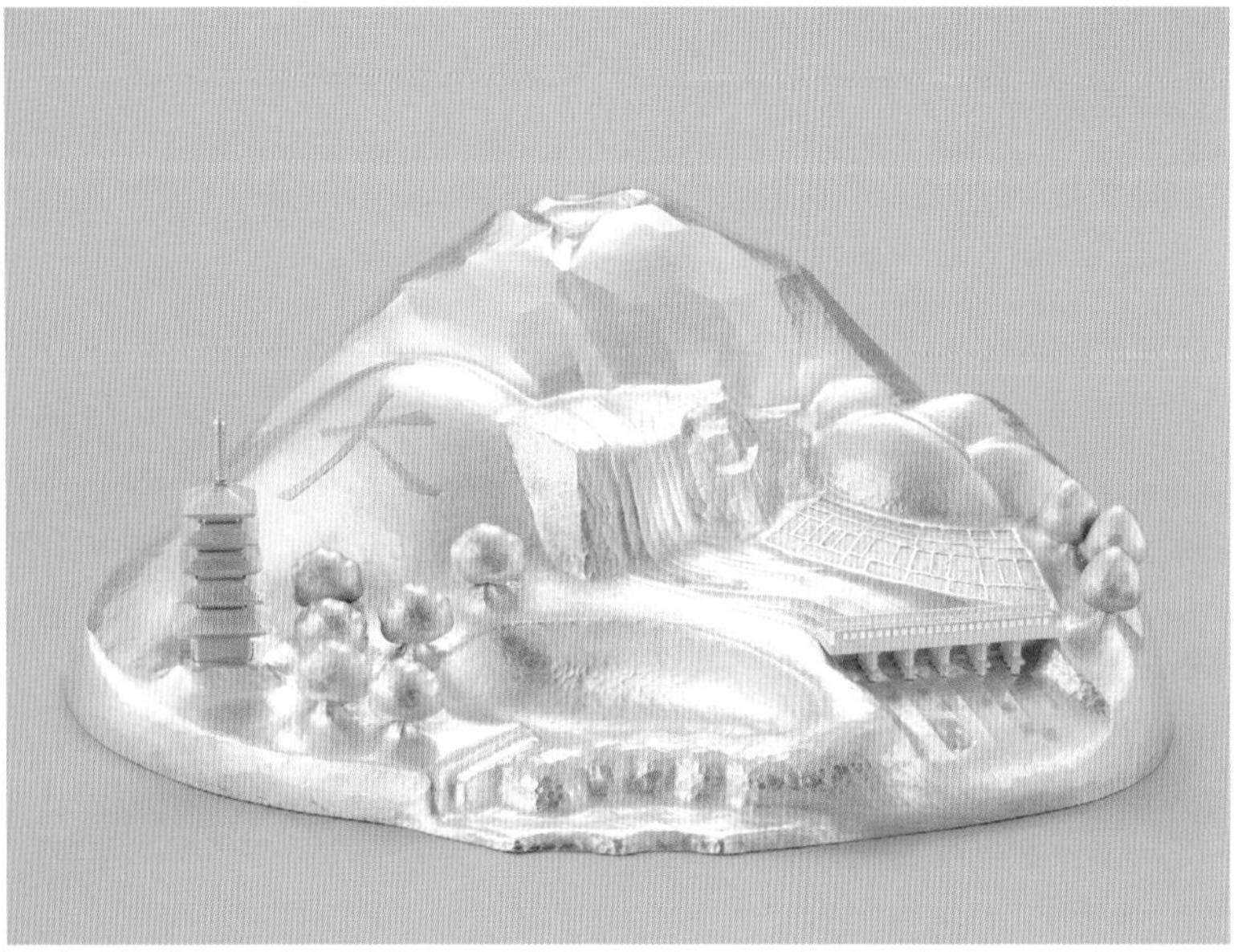
＜洲濱＞宮内庁提供

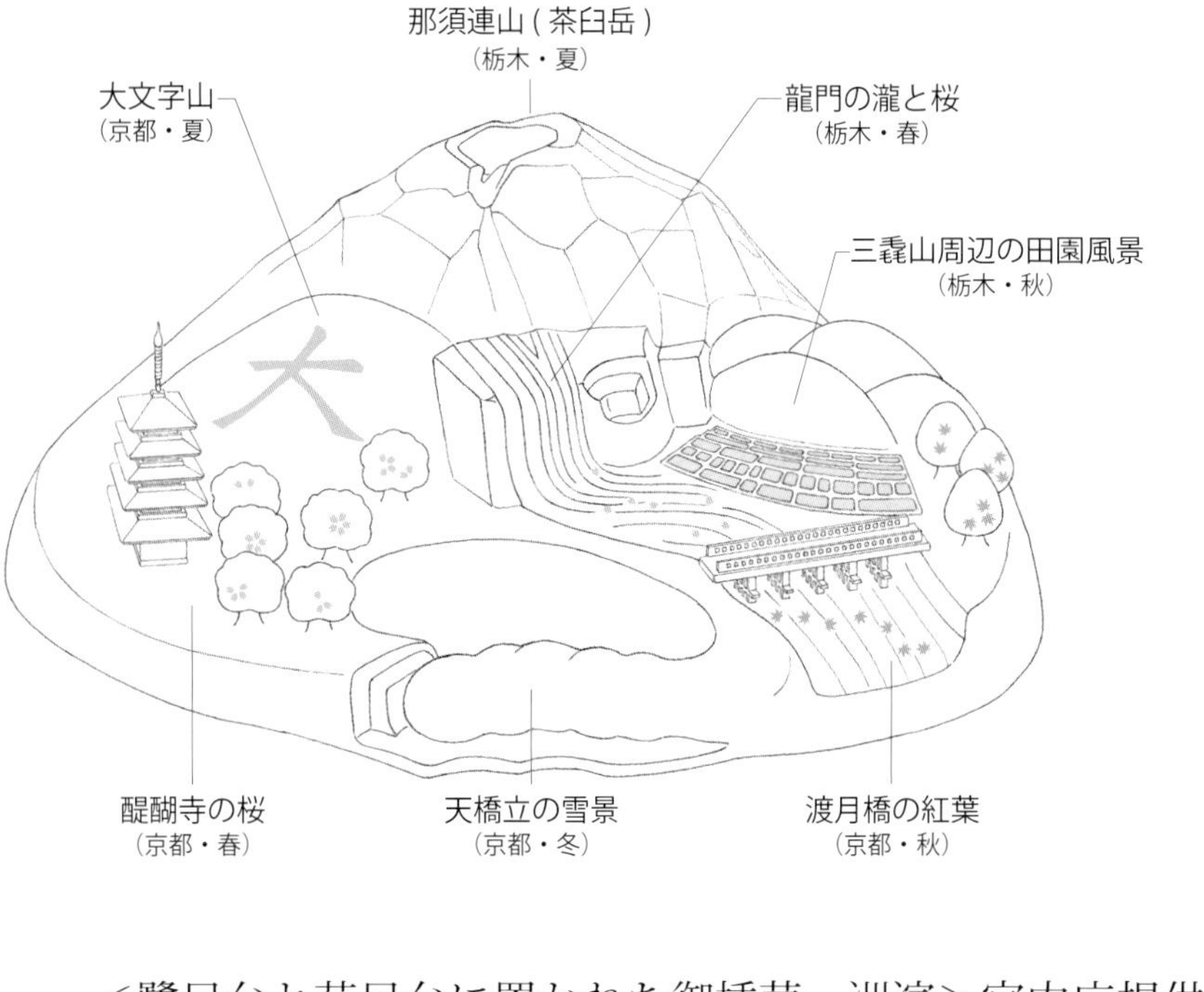

＜鷺足台と花足台に置かれた御挿華・洲濱＞宮内庁提供

悠紀地方の風俗舞

風俗舞は、大嘗祭ごとに新作されるものであるが、大正の御大礼の例により、悠紀地方の栃木へは歌人篠弘氏が訪れ、県内各地の地名を入れて歌を詠み、それに宮内庁式部職楽部で栃木の俚謡《りよう》及び郷土の舞を参考に作曲、振り付けを行った。

舞は四人立、青摺《あおずり》の布衫《ふさん》をつけて舞う。「参音声《まいりおんじょう》」、「破《は》」、「急《きゅう》」、「退出音声《まかでおんじょう》」の四部構成で、「破」と「急」に舞が付けられた。

■悠紀地方　風俗舞歌

参音声　（那須平成の森）

木道が整備されゐて自生する八幡《やはた》つつじの群落に来ぬ

破　（鹿沼市の強飯式《ごうはんしき》）

大食ひを妙見神社《みょうけんじんじゃ》にきそはむと山伏《やまぶし》つどふその面構《つらがま》へ

急　（華厳の滝）

空割れてその裂け目よりこんじきに激《たぎ》ちて落つる華厳の滝は

退出音声　（湯西川温泉のかまくら祭り）

河岸にミニかまくらの灯されていにしへ偲《しの》ぶ平家の里に

＜悠紀地方風俗舞を舞う楽人＞宮内庁提供

那須平成の森

那須御用邸附属地の動植物について、正確な記録を残し、その後の経年変化などを把握することが望ましいとの上皇陛下のお考えを受け、平成九年度から平成十三年度（一九九七〜二〇〇一）までの五か年にわたり、当館が調査を行った。その結果、御用邸の森には豊かで多様な自然環境が残されており、ブナの自然林などが広がるほか、希少種をはじめ多くの動植物が生息・生育していることが確認された。

そこで、豊かな自然を維持しつつ、国民が自然に直接ふれあえる場として活用してはどうかという上皇陛下のお考えを受け、上皇陛下御在位二〇年の節目に、御用邸附属地のおよそ半分にあたる約五六〇ヘクタールが宮内庁から環境省へ移管された。その後、自然環境のモニタリング調査、フィールドセンターや歩道の整備が進められ、平成二三（二〇一一）年五月二十二日に日光国立公園「那須平成の森」として開園した。

那須平成の森から南へ下ったところに標高一，一〇〇メートルの那須高原の中腹に広がる八幡《やわた》つつじ園地がある。新緑の時期にはツツジが見頃を迎え、約二三ヘクタールにわたって一帯はピンク色の絨毯のようにツツジが咲き誇る。

<つつじ園地>那須町観光協会提供

<那須平成の森の小道>環境省日光国立公園管理事務所那須管理官事務所提供

発光路《ほっこうじ》の強飯式《ごうはんしき》

風俗舞歌に詠まれた鹿沼市の強飯式とは発光路（栃木県鹿沼市）の強飯式のことである。日光山輪王寺の強飯式、いわゆる日光責めの流れをくむ行事で、毎年一月三日の妙見《みょうけん》神社の祭り当番の受け渡しの後に行われている。発光路は、栃木県北西部、足尾山地の中を流れる思川沿いに位置する上粕尾の山村である。この地は古くから日光修験との関係が強く、横根山・地蔵岳と近接の古峰ケ原高原《こぶがはらこうげん》は、春峯《しゅんぽう》修行の重要な巡路であったと伝えられる。

祭礼当番の引き継ぎが終わると氏子《うじこ》が扮《ふん》した山伏（写真左）が、新太夫《しんだゆう》・古太夫《ふるだゆう》の新旧の祭り当番をはじめ、遠方からやってきた客・地方の名士や前年に結婚した花婿《はなむこ》などが居並ぶ前で、太夫の満願を祝うために強力《ごうりき》（写真右）を伴ってやってきたことを告げる。次に山伏の命令を受けた強力が平身低頭する新太夫の首根っこをY字型の責め棒で押さえながら（下記の写真はこの場面）「例年の通り、酒なら三三杯」などの向上を述べ、お膳の高盛り飯を一つまみにつまんで口に押し込み、盛飯を強いる。続いて、古太夫や遠方の客も同様に責め、最後に花婿にも行い、強飯式が終了する。

強力の口上には、「皆と仲良くするように」などの諭しや苦言も述べられる。強力の言葉を通して望ましい村人としての資質を育てようとする性格もうかがわせる行事である。

＜発光路の強飯式＞鹿沼市提供

華厳滝《けごんのたき》

中禅寺湖の東尻から流れる大尻川《おおじりがわ》が高さ約九七メートルを落下する滝である。下流は華厳渓谷《けいこく》を刻して大谷川《だいやがわ》となる。霧降《きりふり》滝・裏見《うらみ》滝とともに日光三名瀑《さんめいばく》といわれる。主滝頂部は通常幅約十メートル、現在の滝壺は約四〇メートル四方、最深約五メートルで、奥には空洞がある。一般に下流にある涅槃《ねはん》滝・般若《はんにゃ》滝・方等《ほうどう》滝・阿含《あごん》滝とともに釈迦《しゃか》一代の説教を五つに分類した五時教《ごじきょう》にちなんだ滝といわれる。江戸時代に著された『日光山志』によると「関東第一の瀑」ではあるが、滝の下には人が通れないので、滝を眺望する場所がないとしている。明治三三（一九〇〇）年頃、中宮祠《ちゅうぐうし》の星《ほし》野《の》五郎平《ごろべい》が初めて滝壺《たきつぼ》まで降りる道を開き、滝壺近くに五郎平茶屋を設けた。昭和五（一九三〇）年岩盤の中にエレベーターが設置され、歩いて滝壺近くに出ることができるようになり、以後、奥日光観光第一の観光地として賑わうようになった。

<秋の華厳滝>日光市観光協会提供

湯西川温泉かまくら祭り

湯西川温泉は、栗山北部の湯西川の谷間にある温泉集落である。集落の歴史は古く、平家一門の平忠実《たいらのただざね》が壇ノ浦《だんのうら》の戦いで敗れた後、源氏の追手を逃れて同集落に潜入し、平姓《たいらせい》に人偏《にんべん》をつけて伴《ばん》氏を名乗ったとされる落人《おちうど》伝説がある。温泉の発見は、天正《てんしょう》元（一五八二）年と伝えられる。戦前は江戸期に起源を有する湯本館と伴久旅館《ばんきゅうりょかん》を含む四軒の湯治宿だけであったが、昭和三〇年代頃から旅客数が増加し、近代的な旅館・ホテルが立ち並ぶ温泉街へと変容を遂げた。泉温五〇～五五℃の弱食塩泉で、胃腸病・神経痛・リューマチ・皮膚病《ひふびょう》などに効くといわれる。

湯西川温泉の住民だけでなく、訪れる観光客にとっても大きな支障となっていたのは冬の大雪であった。これを逆手にとって観光資源として活用すべく平成五（一九九三）年から始められたのがかまくら祭りである。元々、日中のイベントであったが、平成十三（二〇〇一）年からは夜に河川敷に作製した約八〇〇個のミニかまくらにロウソクを灯し、幻想的な風景を演出するようになった。ミニかまくらは平成二一（二〇〇九）年に日本夜景遺産に認定され、県内外に周知された。

かまくら祭り開催中は、湯西川温泉街に雪だるま、イルミネーション等趣向を凝らした演出が行われ、観光客を楽しませている。

<昼間のかまくら祭りの様子>
日光市観光経済部栗山観光課提供

<ミニかまくら>日光市観光経済部栗山観光課提供

27　挿華《かざし》　令和元 (2019) 年　石塚毅男氏

挿華とは、冠に挿しかける季節の花の折枝や造花などを付けた花飾りのことである。古くは時の草木の花であったが、現在では銀製の造花が用いられている。大嘗祭等の行事に参列する上卿《じょうけい》（行事を担当奉行する中心的な公卿《くぎょう》）以下の冠に挿した。祭の使・舞人・陪従《ばいじゅう》などの所用として知られる。行事の際に、禁中《きんちゅう》から下賜されるものを例とする。平安時代の有職故実書《ゆうそくこじつ》『西宮記《さいきゅうき》』にも記録されている。

昭和・平成同様、梅花と竹が繊細にかたちどられた挿華が令和の大饗の儀参列者に下賜された。

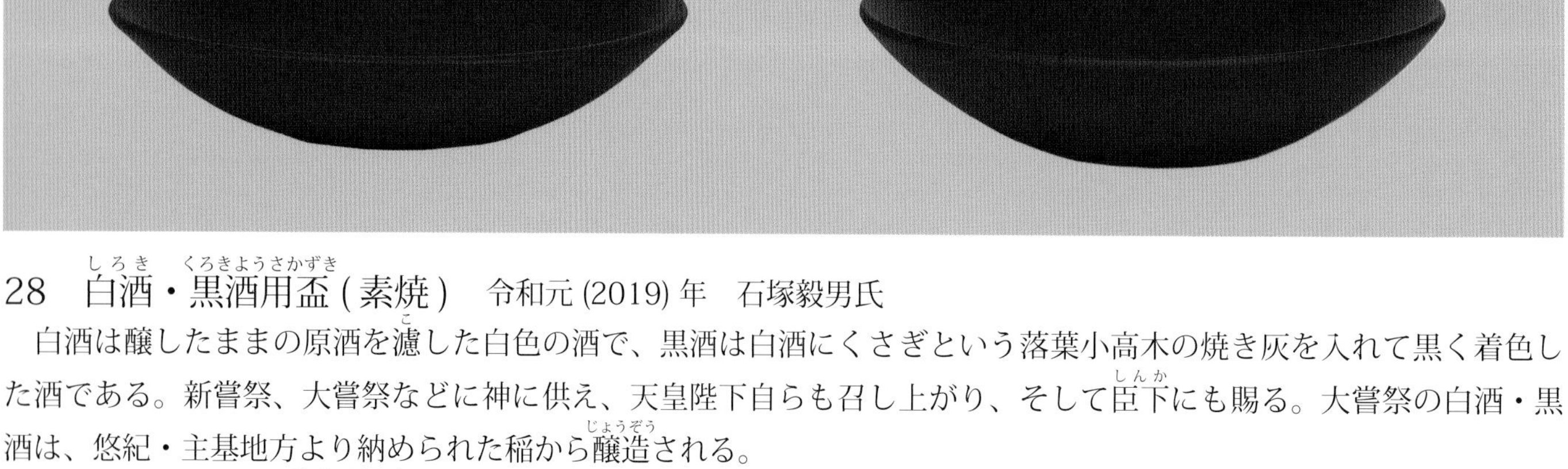

28　白酒《しろき》・黒酒用盃《くろきようさかずき》(素焼)　令和元 (2019) 年　石塚毅男氏

白酒は醸したままの原酒を漉《こ》した白色の酒で、黒酒は白酒にくさぎという落葉小高木の焼き灰を入れて黒く着色した酒である。新嘗祭、大嘗祭などに神に供え、天皇陛下自らも召し上がり、そして臣下《しんか》にも賜る。大嘗祭の白酒・黒酒は、悠紀・主基地方より納められた稲から醸造《じょうぞう》される。

『続日本紀』には、天平神護元《てんぴょうじんご》(765) 年の称徳《しょうとく》天皇の大嘗祭の記述に「由紀・須岐二国の献《たてまつ》れる黒紀・白紀の御酒を赤丹《あかに》のほにたまへゑらき」とあり、少なくとも当時には黒酒と白酒が用いられたことがうかがわれる。

本資料は、令和の大饗の儀において用いられた白酒・黒酒用の盃である。

<真上から>

29　菊御紋鳳凰付盃《きくごもんほうおうつきさかずき》　令和元 (2019) 年　石塚毅男氏

薄手の白磁《はくじ》に金彩《きんさい》で菊御紋《きくごもん》、鳳凰《ほうおう》、梅花をあらわす。本資料は大饗の儀参列者への引き出物の一つである。

<真上から>

<小>　<中>　<大>

30　御紋付銀盃《ごもんつきぎんぱい》　令和元年 (2019)　栃木県知事 福田富一氏

純銀製の三ッ組盃である。見込中央に複弁《ふくべん》菊花紋を線刻し、口縁内側周縁《こうえんうちがわしゅうえん》に桐唐草文様《きりからくさもんよう》をめぐらす。菊御紋は勲章《くんしょう》に替えて授与されるものとされ、桐御紋は褒章条例《ほうしょうじょうれい》に基づき授与されるものとされる。

本資料は、令和の御大礼を記念し、その勲功《くんこう》により下賜された盃である。

大嘗祭における悠紀地方栃木からの献物《けんもつ》

令和元（二〇一九）年十一月十三日早朝、大嘗祭に供納《きょうのう》する悠紀地方栃木からの献物十五品が、県内各ＪＡなどから宇都宮市の栃木県ＪＡビルに集められ、ＪＡグリーンとちぎのトラック便で一括して皇居に送られた。献物は同日昼過ぎには皇居に届けられ、十六日に行われた大饗の儀で披露された。

<献物を積んだラッピングトラックを見送る関係者>
ＪＡ栃木中央会提供

【供納された献物一覧】

	品 目	数 量	供 納 団 体
1	玉ねぎ	60 個	JA うつのみや
2	日本梨（にっこり）	50 個	JA うつのみや
3	里芋	150 個	JA かみつが
4	にら	100 束	JA かみつが
5	茄子	80 個	JA はが野
6	苺（i37 号）	400 個	JA はが野
7	トマト	80 個	JA しもつけ
8	干瓢	3kg	JA しもつけ
9	アスパラガス	300 本	JA 足利
10	大根	30 本	JA なすの
11	ねぎ	100 本	JA なすの
12	白菜	10 個	栃木県開拓農業協同組合
13	ほうれん草	70 束	栃木県開拓農業協同組合
14	焼鮎	100 尾	栃木県養殖漁業協同組合
15	椎茸	200 個	栃木県特用林産協会

JA 栃木中央会　情報提供

第三章
栃木と皇室

＜平成 5(1993) 年 8 月 1 日　全国高等学校体育大会開会式＞
【栃木県総合運動公園】下野新聞提供

明治時代以降、日光の山内《さんない》・田母沢《たもざわ》をはじめ、塩原、那須など栃木県内各地に皇室の避暑地として御用邸が設けられ、大正天皇をはじめ多くの皇族方が静養に訪れました。戦時になると日光や塩原が疎開先となりました。そのほか、御料牧《ごりょうぼく》場《じょう》など皇室ゆかりの地も多く存在しています。栃木県と皇室御一家との関わりは、格別なものがあり、御来県の折には、栃木の自然や文化に親しみ、多くの県民と交流を深められました。

栃木の名工と献上《けんじょう》品

令和の御大礼に際して、衆議院・参議院をはじめ各都道府県等から御即位を祝い、様々な名品が献上された。栃木県からは「竹工芸品 柾割拭漆花ノ友《まさわりふきうるしはなのとも》 花籃《はなかご》」が献上されている。これまでにも、折に触れて本県から献上されている名品がある。その中でも昭和の御大礼の際の献上品と、栃木県矢板市で行われた第三三回全国植樹祭において栃木県知事から昭和天皇に献上された名品、そしてそれを制作した名工を紹介する。

＜昭和57(1982)年5月22日
第33回植樹祭でお手植えをされている昭和天皇＞
下野新聞提供

■献上品を制作した栃木の名工

【二代飯塚鳳齋《にだいいいづかほうさい》】二代飯塚鳳齋（一八七二～一九三四）は、現在の栃木市嘉右衛門町《かうえもんちょう》出身である。籠師《かごし》として知られた父・初代鳳齋の跡を継ぎ、二代鳳齋は国内外の博覧会に花籠を出品して受賞を重ねた。農商務省（後に商工省）の主催図案及応用作品展（後に工芸展、商工展）でも受賞を重ね、大正十四（一九二五）年のパリ万国装飾美術工芸博覧会《ばんこくそうしょくびじゅつこうげいはくらんかい》では「笈形器局《おいがたききょく》」が名誉賞を受賞するなど、日本を代表する竹工芸家となった。

【田村耕一《たむらこういち》】田村耕一（一九一八～一九八七）は、陶芸家富本憲吉《とみもとけんきち》に師事。昭和二八（一九五三）年に栃木県佐野市久保町に築窯《ちくよう》した。日本伝統工芸展などで活躍し、鉄絵の技法を基本にした独自の作風を確立し、昭和四二（一九六七）年に開催されたイスタンブール国際陶芸展でグランプリ金賞を獲得するなど、国内外で多数受賞している。昭和五二（一九七七）年に母校東京藝術大学の教授に就任している。昭和六一（一九八六）年に鉄絵で重要無形文化財保持者（人間国宝）となった。

【島岡達三《しまおかたつぞう》】島岡達三（一九一九～二〇〇七）は、組紐師島岡米吉《くみひもししまおかよねきち》の長男として生まれた。陶芸家濱田庄司《はまだしょうじ》に師事し、昭和二八（一九五三）年から益子に住居と窯を構える。作陶をしていく中で縄文象嵌《じょうもんぞうがん》という独自の美を編み出した。縄文象嵌技法を用い作陶された力強く美しい作品は、国内外での高い評価を得た。平成八（一九九六）年、民芸陶器・縄文象嵌で重要無形文化財保持者（人間国宝）に認定された。

31　竹製花瓶《たけせいかびん》　二代飯塚鳳齋《にだいいいづかほうさい》　昭和3(1928)年　宮内庁三の丸尚蔵館

本作品は、昭和３年の御大礼を奉祝して栃木県知事より献上された作品である。

32　紅梅文大壺《こうばいもんおおつぼ》　田村耕一《たむらこういち》　昭和 57(1982) 年　宮内庁三の丸尚蔵館

本作品は、昭和 57(1982) 年、県民の森 (矢板市) で行われた第 33 回全国植樹祭の際に、栃木県知事より昭和天皇皇后両陛下に献上された作品である。

33　地釉象嵌唐草文壺《じぐすりぞうがんからくさもんつぼ》　島岡達三《しまおかたつぞう》　昭和 57(1982) 年　宮内庁三の丸尚蔵館

本作品は、（No.32）同様、昭和 57 年 (1982)、県民の森 (矢板市) で行われた第 33 回全国植樹祭の際に、栃木県知事より昭和天皇皇后両陛下に献上された作品である。

栃木県内の御用邸及び皇室関連施設

栃木県内には、明治時代から御用邸が建てられ、主に夏の皇族の静養の地となっていた。現在も使用されている那須御用邸以外にも、かつて使用されていた日光の山内御用邸、田母沢御用邸、そして塩原御用邸のように多くの御用邸が存在していた。また、皇室関連施設として、昭和四四（一九六九）年には御料牧場が千葉県より高根沢町に移転し、現在に至る。そのほか、奥日光にあった南間《なんま》ホテルには、戦時中に当時十歳だった上皇陛下が疎開され、終戦時の玉音《ぎょくおん》放送を当地で聞かれたとされる。

旧御用邸のうち、田母沢御用邸は栃木県に、塩原御用邸は那須塩原市に移管され、それぞれ整備されて、日光田母沢御用邸記念公園と天皇の間記念公園となった。また、旧南間ホテルは奥日光から益子町に移築され、現在では、平和ギャラリーと宿泊施設を備える「ましこ悠和館《ゆうわかん》」として生まれ変わっている。

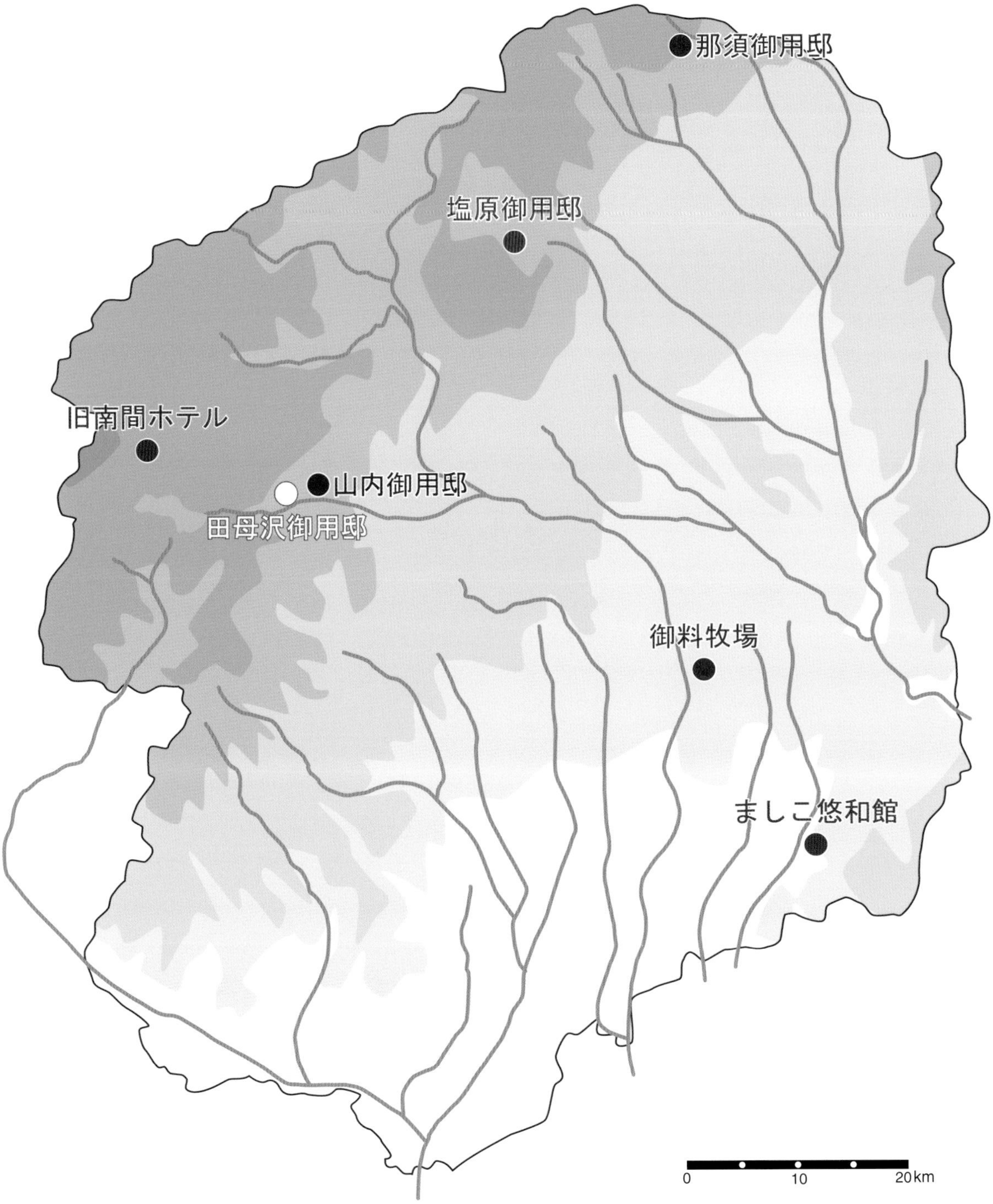

旧日光（山内）御用邸

明治二六（一八九三）年に造営された当御用邸は、常宮内《つねのみやない》親王《しんのう》・周宮《かねのみや》内親王の静養の場として利用された。明治二九（一八九六）年、皇太子時代の大正天皇がひと夏過ごされ、気に入られたことがきっかけで、田母沢御用邸を建設することとなったといわれている。

現在、御用邸があった場所は輪王寺《りんのうじ》本坊となっている。

<旧日光 (山内) 御用邸の面影を残す日光山輪王寺の御本坊>
日光山輪王寺提供

34　日光御旅館運動《にっこうごりょかんうんどう》の図《ず》　村田香谷《むらたこうこく》　明治 23(1890) 年　当館

日光 (山内) 御用邸の前身とみなされる朝陽館《ちょうようかん》の存在が確認される絵画である。明治天皇の第七皇女周宮内親王 (1890 ～ 1974) が日光に来られた際の様子を描いたものと考えられる。昭憲皇太后《しょうけんこうたいごう》 (1849 ～ 1914) の遺物として大正 3(1914) 年に下賜されたとの箱書きがある。これらから、描かれた人物は皇族とその侍従《じじゅう》と考えられる。

旧田母沢御用邸

当御用邸は、日光出身で明治時代の銀行家・小林年保《こばやしねんぽ》の別邸に、当時、赤坂離宮《あかさかりきゅう》などに使われていた旧紀州徳川家江戸中屋敷の一部（現在の三階建て部分）を移築し、その他の建物は新築される形で、明治三二（一八九九）年に大正天皇（当時皇太子）の御静養地として造営された。昭和二二（一九四七）年に廃止されるまでの間、大正天皇をはじめ、三代にわたる天皇・皇太子が御利用になられた。戦後、博物館や宿泊施設、研修施設として使用された後、栃木県により三年の歳月をかけて、修復・整備され、平成十二（二〇〇〇）年に記念公園として蘇った。

＜大正10(1921)年9月4日　田母沢御用邸での大正天皇の4人の皇子＞
アサヒグラフ臨時増刊　天皇皇后両陛下銀婚記念号　奥山恵子氏
左から皇太子（後の昭和天皇）・澄宮崇仁《すみのみやたかひと》親王・高松宮宣仁《のぶひと》親王・秩父宮雍仁《やすひと》親王

＜現在の旧田母沢御用邸の外観＞日光田母沢御用邸記念公園提供

＜謁見所＞日光田母沢御用邸記念公園提供

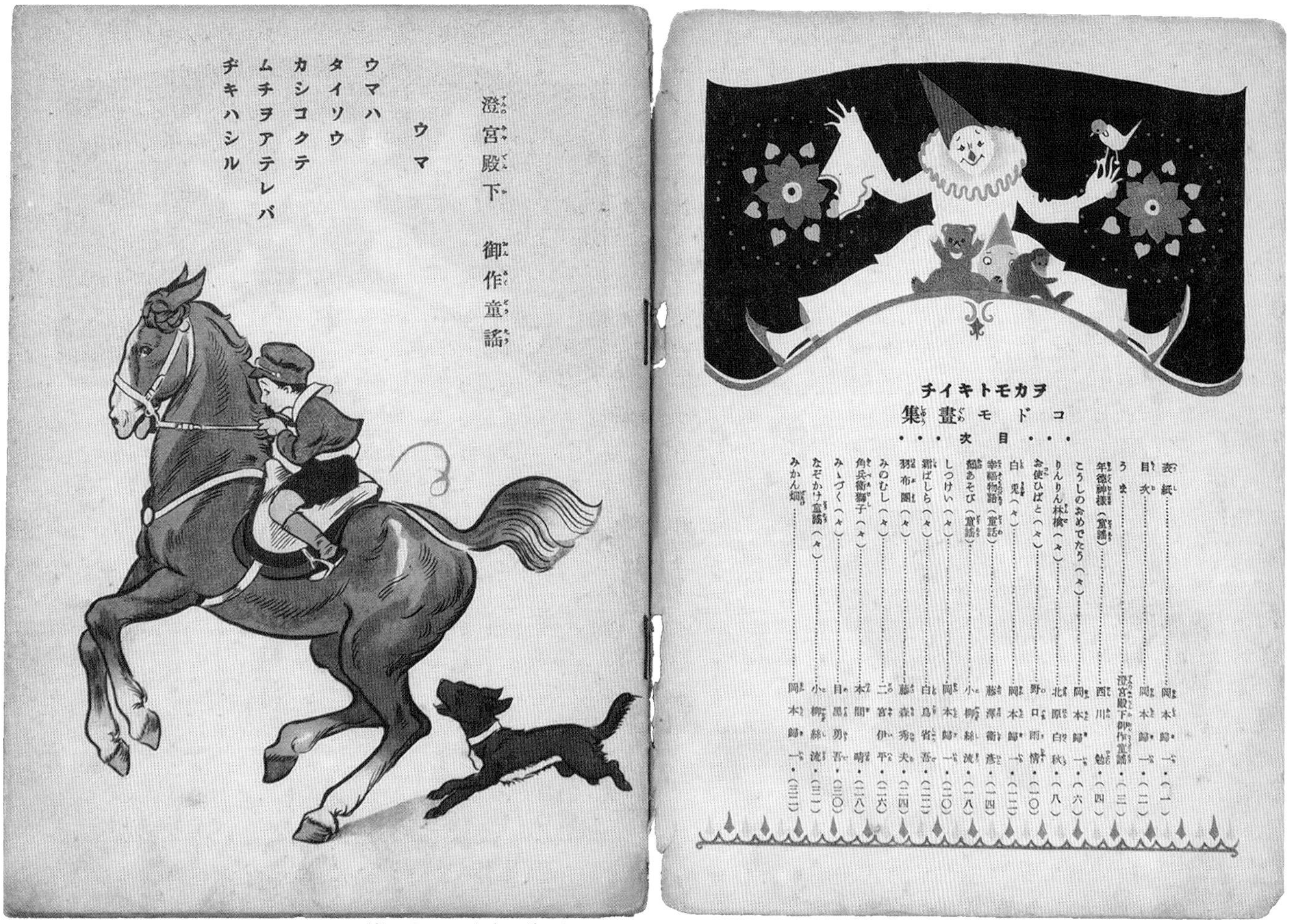
澄宮殿下　御作童謡
ウマ
ウマハ
タイソウ
カシコクテ
ムチヲアテレバ
ヂキハシル
ヲカモトキイチ
コドモ畫集
目次

35　ヲカモトキイチコドモ画集《がしゅう》　乗物画報《のりものがほう》　大正 14(1925) 年　当館

童画家岡本帰一が描いた絵と 14 の童謡作品・童話で構成された児童向けの雑誌である。歌人北原白秋《きたはらはくしゅう》・詩人野口雨情《のぐちうじょう》の童謡作品も見られる。巻頭には、当時 5 歳の澄宮（後の三笠宮）崇仁親王が日光田母沢御用邸で作ったとされる童謡「ウマ」が掲載されている。

1920 年代前半、「童謡」は新興の児童向け文化であったが、澄宮殿下が多くの童謡を作られていることが報道されると、民衆から大きな反響を呼び、「童謡」が普及していく一大契機となったとされる。

■月と雁
つきよのそらをがんとびて
みやくんごてんでそれみてる

（表）

■金魚
きんぎょはあかくうつくしく
おいけのなかをおよいでる

■雪
ゆきははなびとおんなじだ
まつからばらばらおちてくる

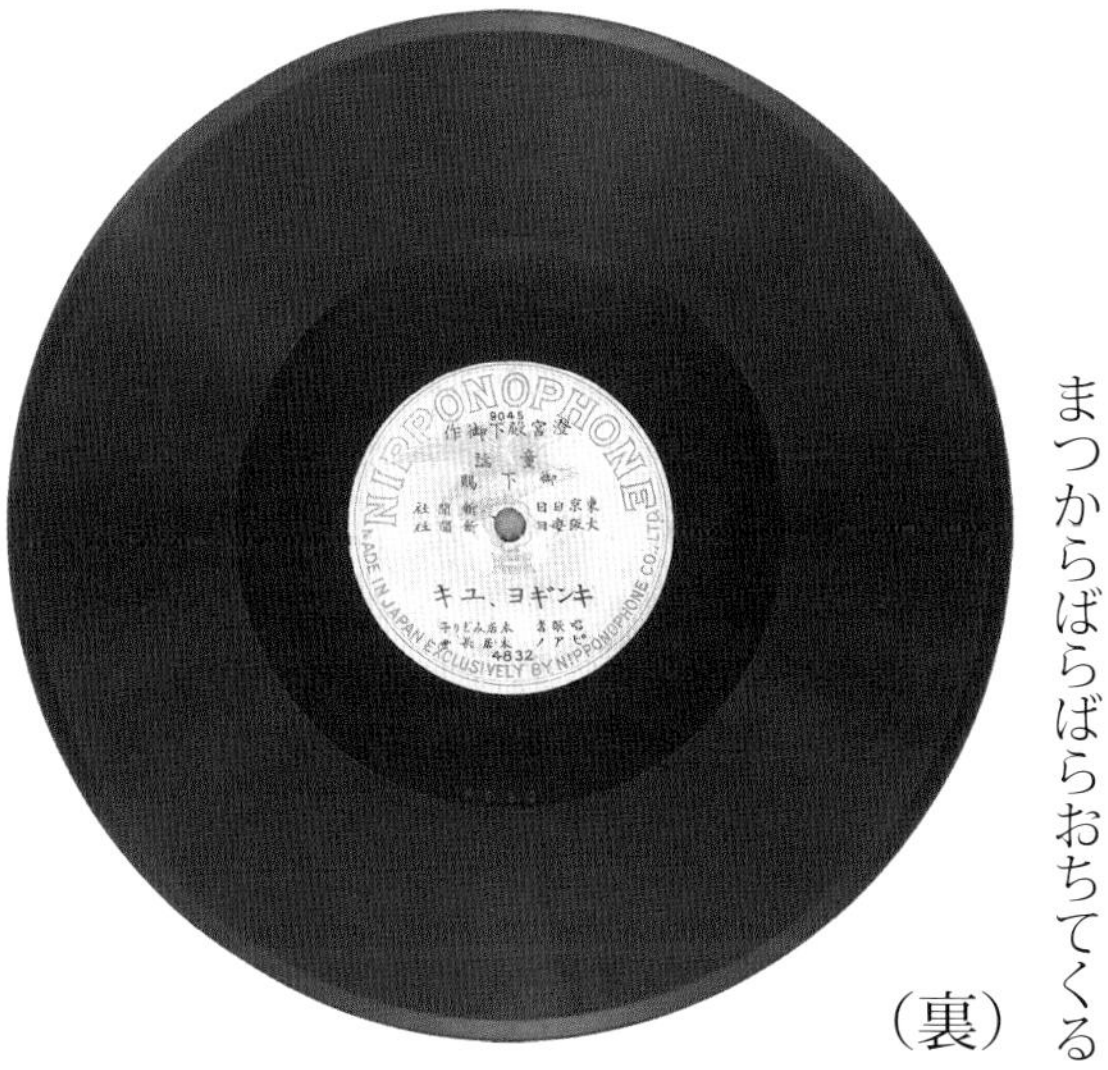

（裏）

36　澄宮殿下御作童謡《すみのみやでんかぎょさくどうよう》レコード (ツキトガン・キンギョ / ユキ)　大正 9 (1920) 年　当館

当時 5 歳であった澄宮崇仁親王が日光で作ったとされる童謡の歌詞に、作曲家本居長世《もとおりながよ》が曲をつけて、ニッポノホンから発売したレコードである。長世の娘本居みどり子が歌っている。

これらの盤のレーベルは、白地に金色の字で印刷されており特別扱いされているのがわかる。

旧塩原御用邸

明治三五（一九〇二）年夏、時の皇太子（のちの大正天皇）が塩原に行啓《ぎょうけい》された。翌年夏も再び行啓され、御滞在中福渡《ふくわた》の三島弥太郎《みしまやたろう》子爵《ししゃく》の別荘を度々御訪問された。殿下が塩原の自然・気候・温泉等を大変お好みになられたため、三島家では別荘地の献上を皇室に願い出た。その後、御嘉納《ごかのう》（献上が受け入れられる）となり、以来皇太子時代の大正天皇をはじめ多くの皇族が利用されたが、戦後の昭和二一（一九四六）年に宮内省から厚生省に移管され、昭和三九（一九六四）年に国立塩原視力障害センターとして改築された。

この時、新御座所のみは原型のまま移築され、現在、天皇の間記念公園として保存されている。

＜塩原御用邸の外観（画面右下）＞　臼井祥朗氏提供

＜天皇の間記念公園＞

＜天皇の間記念公園＞

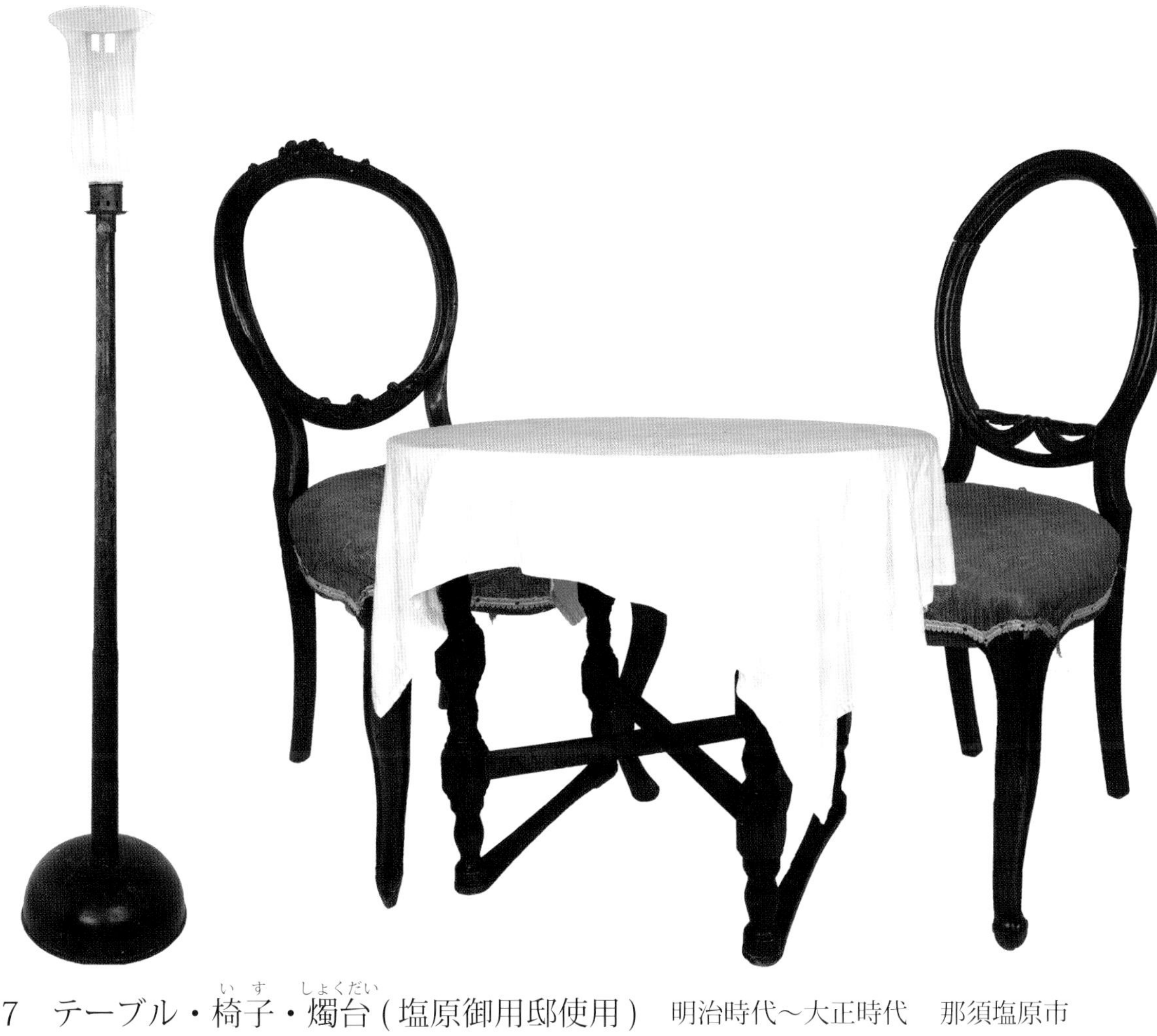

37　テーブル・椅子《いす》・燭台《しょくだい》(塩原御用邸使用)　明治時代〜大正時代　那須塩原市

コラム4

大正天皇と塩原

大正天皇は、皇太子時代から夏季には避暑地として毎年のように栃木県で御静養された。『大正天皇実録』によると、皇太子時代（明治二九（一八九六）年以降）には、日光山内に五十六日間、田母沢に二百六十七日間、塩原に二百十七日間と長期間滞在されていた。主に七月末～八月中旬頃に行啓《ぎょうけい》され、九月上旬に還啓《かんけい》されるという日程であった。日光も塩原も上野駅から約四時間程、鉄道に乗られ、塩原に関しては西那須野駅から御用邸までさらに五〇分程度、自動車に乗られている。

日光山内・田母沢御用邸滞在中には、乗馬を嗜《たしな》まれたり、妹の昌子内親王《まさこないしんのう》、房子内親王《ふさこないしんのう》と御会食をされたりしている。そのほか、日光の名所巡りをされ、中禅寺湖で小舟に乗られていたことなどが記録からわかる。一方、塩原では朝夕御用邸周辺を散策されるのが日課であったとされ、野外で活発に御活動されていた御様子がうかがわれる。明治三七（一九〇四）年八月十三日には、関谷の青年たちとともに川狩りをされたとの記録がある。これらの記述から皇太子時代の大正天皇は、栃木において地元の人々と交流されたり、恐らく、散策されたり、運動されたりしておられ、そのお姿を当時の塩原の人々はよく目にしていたものと推測される。

現在も続く塩原温泉まつりは、大正天皇の即位の御大礼が行われた大正四（一九一五）年十一月、塩原の人々が人形を載せた花屋台（山車《だし》）を仕立てて御用邸にお祝いにかけつけたのが起源とされる。当時の塩原の人々にとって、大正天皇は身近で特別な存在であったと言えるだろう。

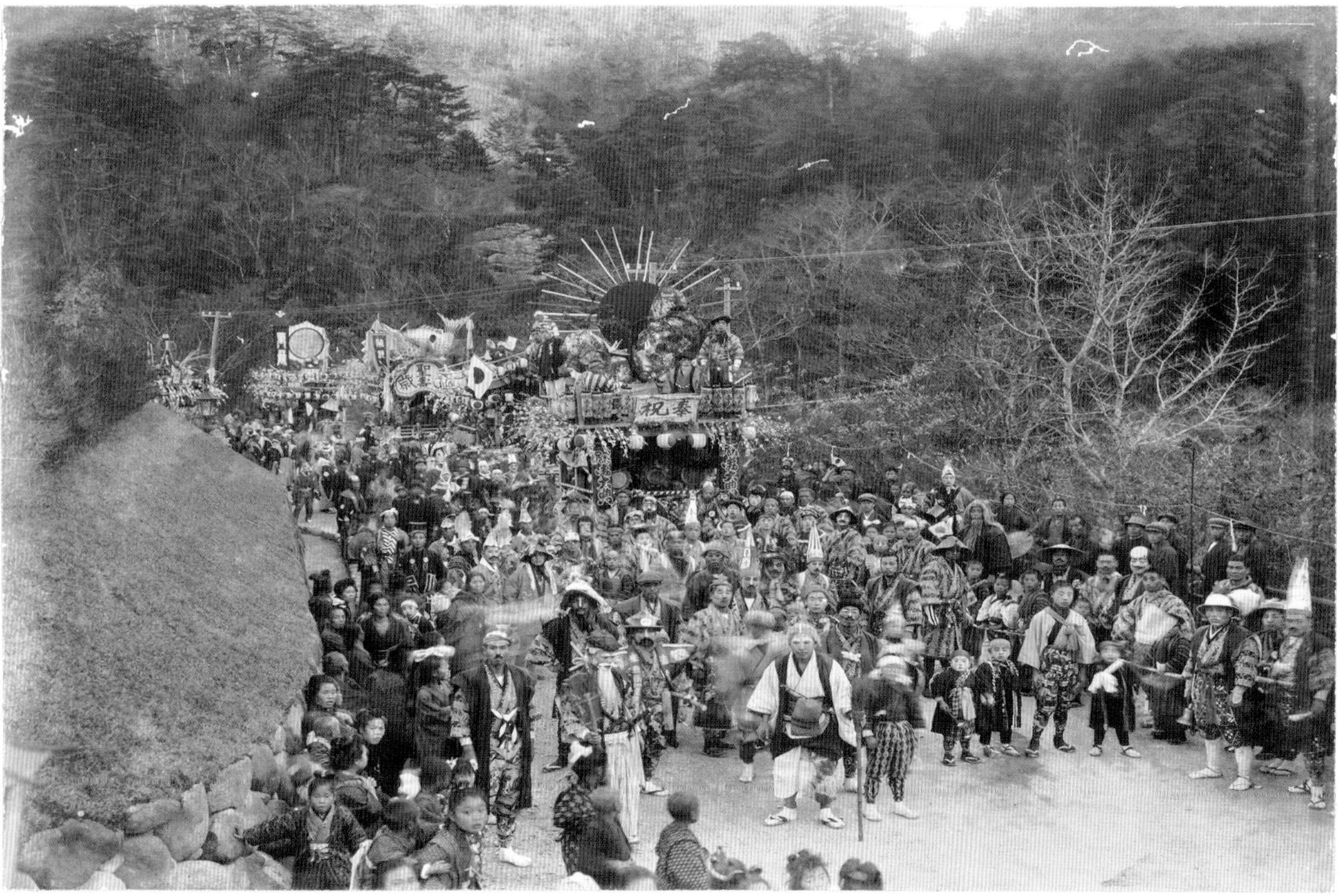

<第１回　塩原温泉祭りの山車行列（画面左側が旧塩原御用邸）>　臼井祥朗氏提供

38　大正天皇御肖像写真《たいしょうてんのうごしょうぞうしゃしん》(皇太子時代《こうたいしじだい》)　明治時代　当館

39　御学帽《ごがくぼう》（大正天皇御着用《たいしょうてんのうごちゃくよう》）　明治時代　那須塩原市

大正天皇が満８歳の時に御着用されていたものを、当時御遊び相手をつとめられた２歳年上であった三島弥六《やろく》氏（三島通庸《みしまみちつね》三男）が拝領《はいりょう》したものである。

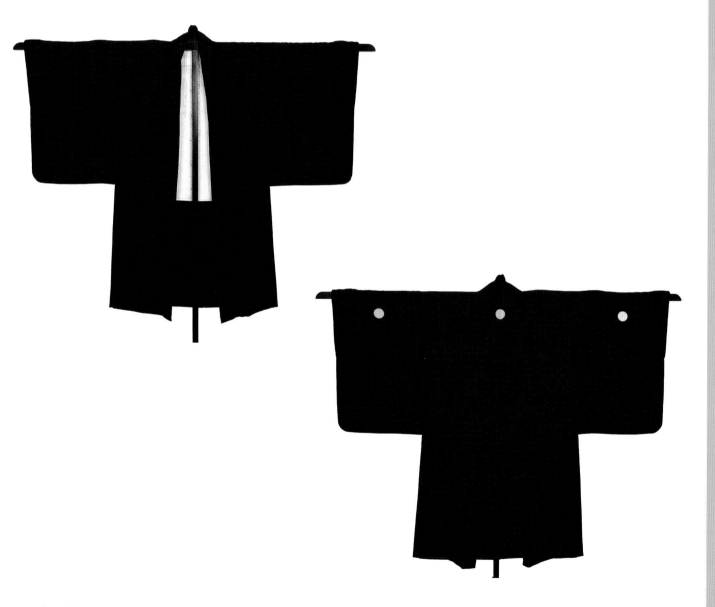

40　御羽織《おはおり》（大正天皇御着用《たいしょうてんのうごちゃくよう》）　明治時代～大正時代　那須塩原市

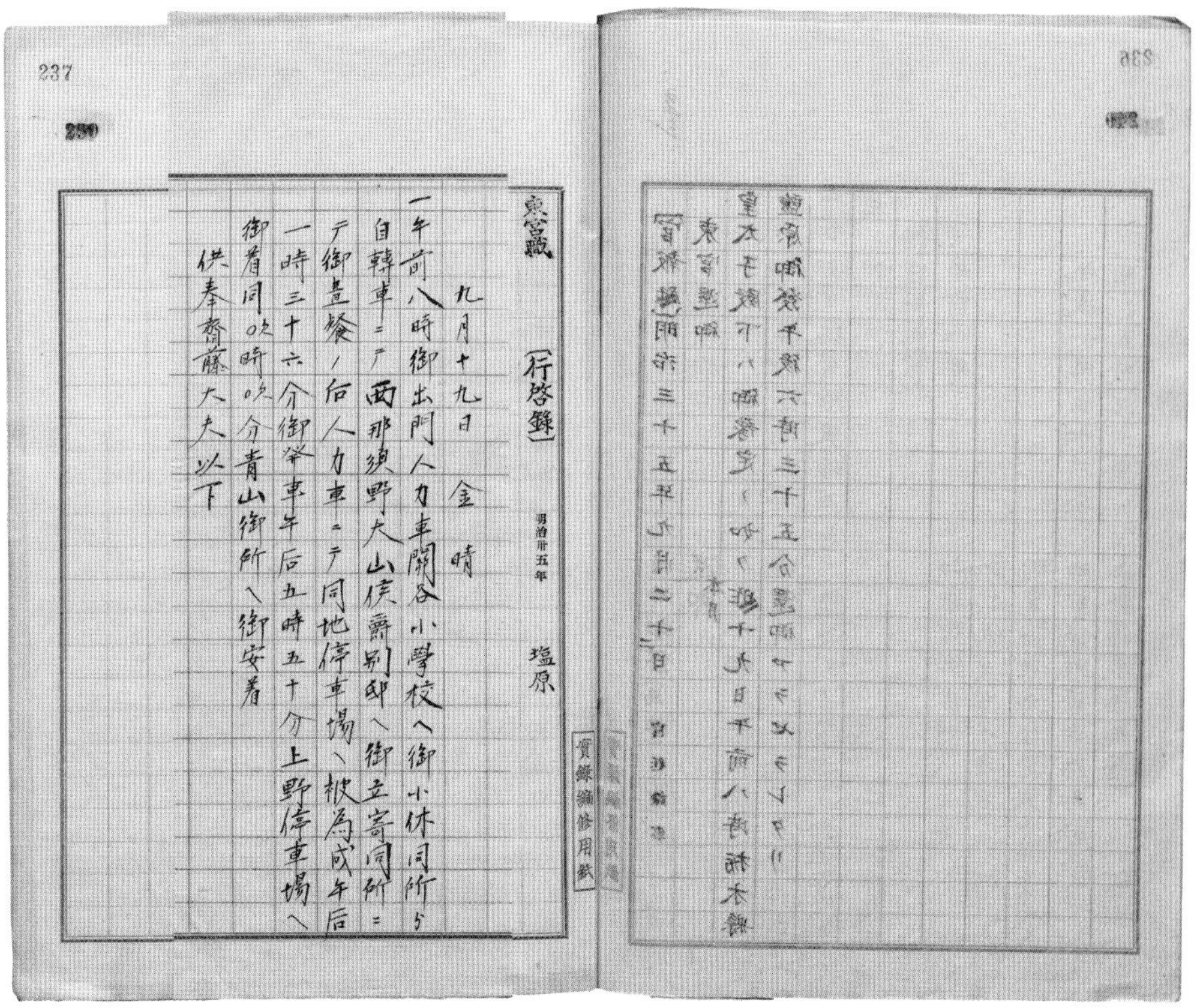
東宮職 【行啓録】 明治卅五年 塩原
九月十九日 金 晴
一午前八時御出門人力車関谷小学校へ御小休同所ヨリ自轉車ニテ西那須野大山侯爵別邸へ御立寄同所ニテ御昼餐ノ后人力車ニテ同地停車場へ被為成午后一時三十六分御発車午后五時五十分上野停車場へ御着同吹時吹分青山御所へ御安着
供奉斎藤大夫以下

41　大正天皇実録資料稿本《たいしょうてんのうじつろくしりょうこうほん》 50　明治 35 年 7 月～ 9 月 19 日　明治 35(1902) 年　宮内庁宮内公文書館

『大正天皇実録』は、明治 12（1879）年の御降誕《ごこうたん》から大正 15(1926) 年の崩御《ほうぎょ》までの大正天皇の御生涯を編修《へんしゅう》した実録である。本資料は、『大正天皇実録』の最終稿本である。

明治 35 年 9 月 19 日の記録によると大正天皇は午前 8 時に御用邸を出られ、人力車《じんりきしゃ》で関谷尋常《じんじょう》小学校へ向かい、そこでお休みになられた後、自転車で 10km 以上ある道程を御搭乗され、元帥大山巖侯爵別邸《げんすいおおやまいわおこうしゃくべってい》（現在の栃木県立那須拓陽《たくよう》高等学校の敷地内）にお立ち寄りになられたという。

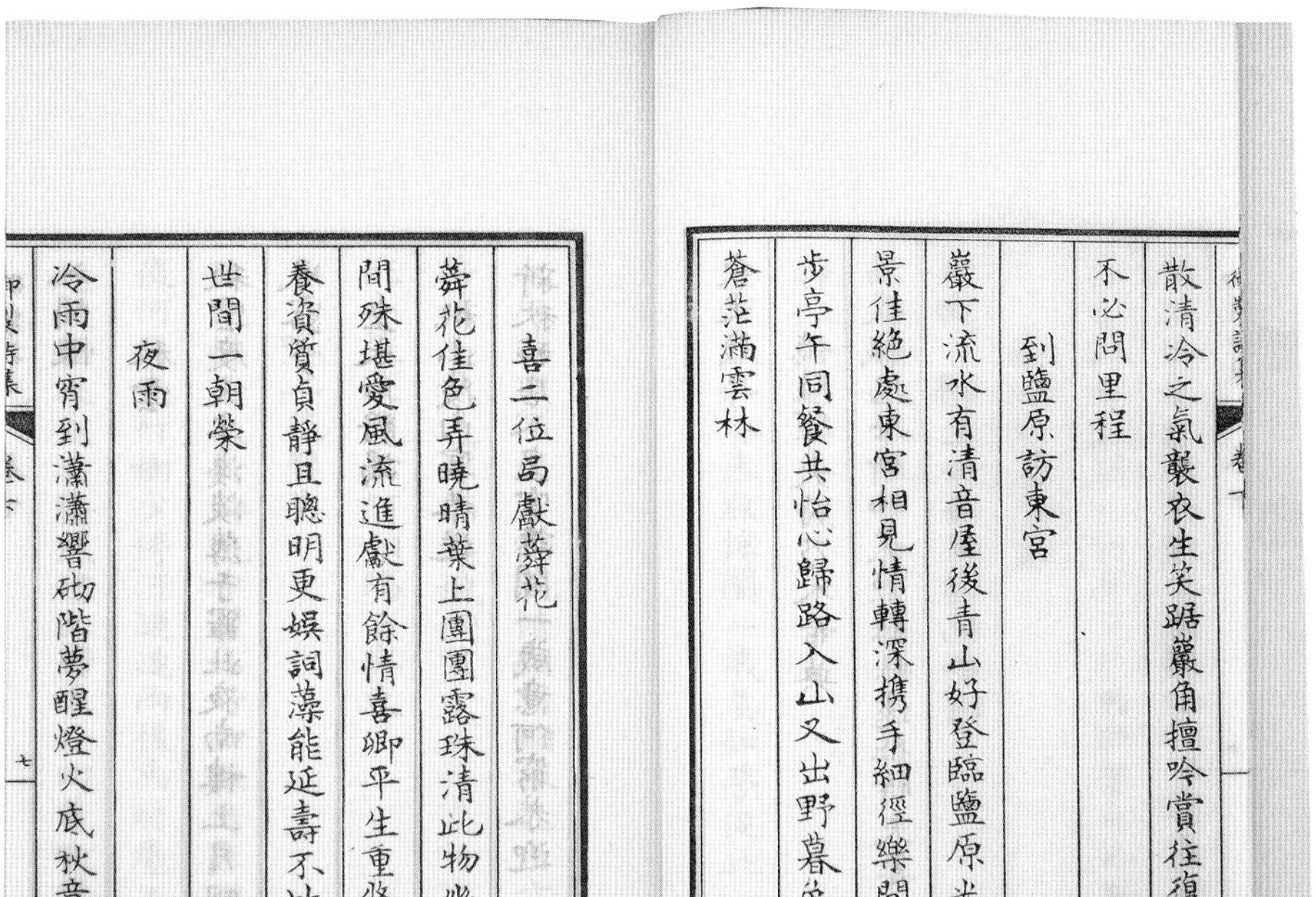
散清冷之氣襲衣生笑踞巖角擅吟賞往復
不必問里程
到鹽原訪東宮
巖下流水有清音屋後青山好登臨鹽原光
景佳絶處東宮相見情轉深携手細徑樂閒
歩亭午同餐共怡心歸路入山又出野暮色
蒼茫滿雲林
喜二位局獻蕣花
蕣花佳色弄晩晴葉上團團露珠清此物幽
閒殊堪愛風流進獻有餘情喜卿平生重修
養資質貞静且聡明更娯詞藻能延壽不比
世間一朝榮
夜雨
冷雨中宵到瀟瀟響砌階夢醒燈火底秋意

到鹽原訪東宮　塩原に到り東宮を訪う
巖下流水有清音　巖下の流水、清音有り
屋後青山好登臨　屋後の青山、登臨に好し
鹽原光景佳絶處　塩原の光景、佳絶の処
東宮相見情轉深　東宮相見て、情転た深し
携手細徑樂閒歩　手を携え、細径に間歩を楽しむ
亭午同餐共怡心　亭午、餐を同じくして、共に心を怡ばす
歸路入山又出野　帰路、山に入り、又た野に出づ
暮色蒼茫滿雲林　暮色蒼茫として、雲林に満つ

42　大正天皇御製詩集《たいしょうてんのうぎょせいししゅう》　巻之下　昭和 20(1945) 年　千葉県立中央図書館

明治 29 年から大正 10 年 (1896 ～ 1921) までの御製、465 首を収録している。大正 2(1913) 年 8 月 30 日に大正天皇が静養中の田母沢から塩原に滞在されていた東宮《とうぐう》(皇太子時代の昭和天皇) を訪ねられた時に詠まれた詩がある。その中で「手を携え、細径《さいけい》に間歩《かんぽ》を楽しむ」そして「餐《さん》を同じくして」とある。12 歳の東宮とハイキングをして食事をともにし、手をつながれて塩原の自然を愉《たの》しまれた。大正天皇の子煩悩《こぼんのう》で優しいお姿がうかがわれる。

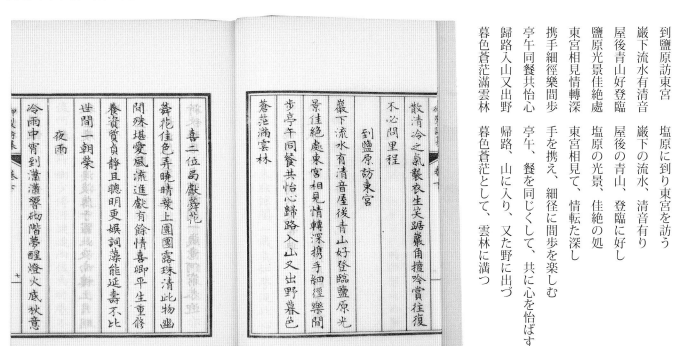

那須御用邸

那須御用邸は昭和天皇の御成婚後の夏の避暑地、御静養の場として建設された。大正十五（一九二六）年に完成し、昭和天皇はその年の八月に約一ヵ月間、御用邸に滞在された。途中中断した時期もあったが、昭和二二（一九四七）年の夏にお立ち寄りになられて以降、ほぼ毎年おいでになられた。

＜那須御用邸＞宮内庁提供

平成に入ってからは上皇・上皇后両陛下が夏の四〜五日間滞在されるのが通例であった。

現在では、天皇御一家が御静養され、散策や登山を楽しまれるなど、御家族の時間を過ごされている。

＜令和元 (2019) 年 8 月 19 日
那須御用邸内の休憩所「嚶鳴亭《おうめいてい》」周辺を散策される天皇御一家＞下野新聞提供

＜放鳥される上皇・上皇后両陛下＞宮内庁提供

43　放鳥箱《ほうちょうばこ》　平成時代　当館

那須連山に鳥を放つ放鳥は昭和天皇が昭和42(1967)年に始められ、平成に入ってからも上皇・上皇后両陛下が御用邸でご静養される際の恒例《こうれい》行事となっていた。放鳥は栃木県の鳥獣保護《ちょうじゅうほご》事業の一環で、御用邸内の休憩所から県内で自然交配や人工交配により生まれ育てられたヤマドリやキジなどを放された。

本資料は、その放鳥式に使われた放鳥箱である。ひもを引くとふたが大きく開き、中の鳥がほぼ45度の角度で飛び出すように工夫されている。

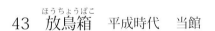

コラム5

那須御用邸附属地の動植物調査

＜那須御用邸附属地の動植物調査時の上皇・上皇后両陛下と当館職員ら＞宮内庁提供

平成八（一九九六）年七月に上皇・上皇后両陛下が当館を視察された折、かねてから那須御用邸附属地内の自然環境について調査されることを願っていらっしゃった上皇陛下から御配慮を賜り、当館による動植物調査が実施されることとなった。調査は、平成九（一九九七）年度から五年間、当館自然課職員を中心とし、さらに館外からも多くの研究者が参加して行われた。

その結果、現在の「那須平成の森」を含む当時の那須御用邸附属地（面積一二二二ヘクタール）内で、動物（昆虫、哺乳《ほにゅう》類、鳥類、爬虫《はちゅう》類、両生類など）二二二九種、植物（種子植物、シダ植物、蘚苔《せんたい》類）九〇八種、地衣《ちい》類五一種、菌類二〇七種、変形菌《へんけいきん》類九七分類群が記録された。その中には、栃木県初記録の種はもちろん、日本初記録の種や未記載種《みきさいしゅ》（いわゆる新種）も含まれていた。調査によって得られた標本の多くは当館に収蔵され、調査時の那須御用邸附属地の自然環境を物語る資料としての価値を持つと共に、さまざまな学術研究に活用されている。また、その後、那須御用邸生物相調査会や当館による追加調査が実施され、さらに多くの動植物の生息・生育が確認されている。

なお、平成二〇（二〇〇八）年に那須御用邸附属地のうち白戸川《しらとがわ》流域以北の地域（約五六〇ヘクタール）が宮内庁から環境省へ移管され、現在では「那須平成の森」として一般に公開されている。

44　那須御用邸附属地で確認できた動植物　平成時代　当館

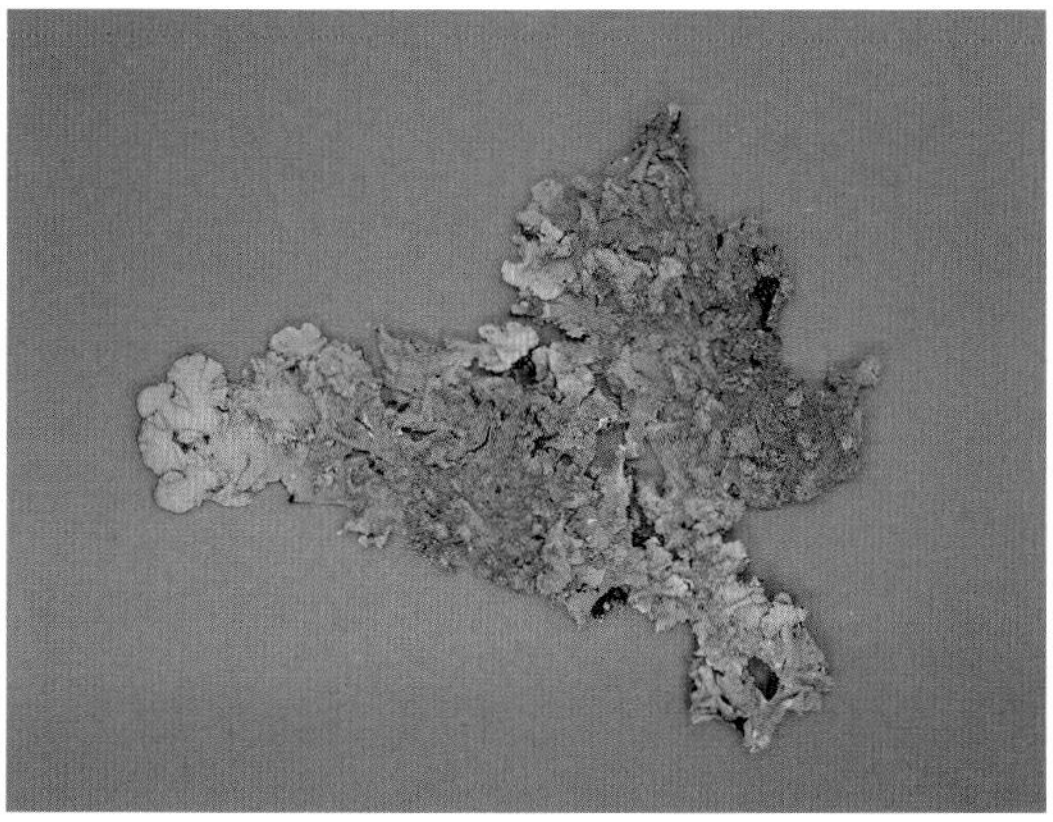

ノダケウメノキゴケ

那須御用邸附属地産のこの標本により、栃木県で初めて生育が確認された地衣類。全国的にも報告例が少なく、比較的珍しい種。

ミズスギ

主に温暖な地域に分布するシダ植物で、関東地方以北では温泉地近くの暖かい場所に生育している。この調査により県内で初めて生育が確認された。生育していたのは噴気孔《ふんきこう》周辺の地熱が高く、冬でも雪が積もらない場所であった。那須火山の山腹にある那須御用邸附属地の特色を反映した植物と言える。なお、この生育地は、現在では那須平成の森の敷地に含まれている。

（撮影地：那須御用邸附属地）

アルプスギンウワバ

栃木県で初めて生息が確認されたヤガ科のガ。

ガガンボモドキ科の未記載種

Bittacus sp.

この標本を詳しく調べて検討したところ、未記載種であることが明らかになった。新種として記載する作業が続けられている。

ヒメガガンボ科の一種　*Gnophomyia ctenura*

那須御用邸附属地産のこの標本が日本初記録となった。標準和名は付けられていない。

環境省日光国立公園管理事務所 那須管理官事務所提供

コテングコウモリ

現在では那須平成の森の敷地内にある清森亭《せいしんてい》（左写真）の近くで捕獲されたコテングコウモリ。県内では丘陵から亜高山にかけての森林に生息するコウモリで、背中の明るい茶色の毛並みなどが特徴。

御料牧場《ごりょうぼくじょう》

御料牧場は、「皇室の用に供する家畜《かちく》の飼養《しよう》、農畜産物の生産及びこれらに附帯《ふたい》する事業を行う」ことを目的とした宮内庁の施設である。

明治八（一八七五）年千葉県に設置された内務省所管《ないむしょうしょかん》下総牧羊場《しもうさぼくようじょう》及び取香種畜場《とっこうしゅちくじょう》が、明治十八（一八八五）年に宮内省に移管され、下総種畜場と称した施設が起源となっている。当施設が、昭和十七（一九四二）年に下総御料牧場と改称され、昭和四四（一九六九）年に新東京国際空港（現在の成田国際空港）設置計画に伴い現在地に移転し、御料牧場と改称した。

現在の御料牧場は、本県高根沢町・芳賀町《はがまち》にまたがる標高一四五メートルの丘陵地に位置している。農・畜産事業の総合的経営を行う牧場で、皇室用の乗用馬・輓《ばん》用馬の生産をはじめ、各種家畜・家禽《かきん》（乳牛・めん羊・豚・鶏・雉《きじ》）の飼養管理や皇室・内外賓客接伴《ないがいひんきゃくせっぱん》用の牛乳・肉・卵などの生産を行っている。在日外交団の接遇の場としても使用されるほか、皇族の静養の場所としても知られる。

牛乳・肉・卵及び野菜などの御料牧場で作られた生産品は、皇室のおもてなしとして、宮中晩餐会《きゅうちゅうばんさんかい》、園遊会《えんゆうかい》など内外の賓客接伴のための各種行事に用いられるとともに、皇族の日常にも利用されている。

<御料牧場における外交団接待>宮内庁提供

＜平成9(1997) 年6月19日　アハージージュ号をご覧になる天皇・皇后両陛下＞
下野新聞提供

＜御料牧場で放牧される羊＞宮内庁提供

ましこ悠和館《ゆうわかん》（旧南間《なんま》ホテル）

南間ホテルは明治十五（一八八二）年、奥日光で開業したホテルで、外国からの観光客相手に、リゾートホテルとして人気を集めていた。昭和十九（一九四四）年、戦況の悪化に伴い、十歳の上皇陛下は田母沢御用邸へ、翌二〇（一九四五）年にはさらなる戦況の悪化により、奥日光の南間ホテルに入られた。八月十五日、南間ホテルで終戦を迎えられた上皇陛下は、昭和天皇の終戦を告げる「玉音《ぎょくおん》放送」を南間ホテル別館の二階、御座所《ござしょ》で正座しながら聞かれたという。

その後、ホテルは廃業したが、昭和四八（一九七三）年に南間ホテル別館を益子町の窯元《かまもと》「つかもと」が譲り受け、益子町に移設された。その後、老朽化《ろうきゅうか》が進み、平成二八（二〇一六）年、益子町に建物を譲渡《じょうと》された。

益子町は平和学習拠点となるギャラリーを備えた宿泊施設として整備し、「ましこ悠和館」として平成三一（二〇一九）年春にオープンした。

＜昭和初期頃の南間ホテル＞
参考資料　絵葉書　日光温泉南間ホテル
昭和時代初期　当館

＜ましこ悠和館の外観＞益子町提供

＜御座所＞益子町提供

＜平和のギャラリー＞益子町提供

コラム6 栃木の麻と皇室の関わり

大嘗祭の中でも最も中心的な儀式である大嘗宮の儀の当日、悠紀殿、主基殿の両神殿の神座下手には、「細籠《ほそかご》」に入れた「繒服《にぎたえ》」と「麁服《あらたえ》」が案に載せて献ぜられる。このうち「繒服」は「和妙」、すなわち絹の神服、「麁服」とは「荒妙」、つまり麻の神服《しんぷく》のことであるが、このうち麁服は、古来阿波国《あわのくに》（徳島県）の忌部《いんべ》氏が調進することとされた。

少なくとも、文応《ぶんおう》元（一二六〇）年十一月の亀山天皇の大嘗祭では、現徳島県美馬《みま》市木屋平《こやだいら》の三木《みき》家が奉仕し、その後中断していた時代もあったが、大正の大嘗祭以降は、三木家の敷地で栽培された麻から紡《つむ》いた糸で織り上げた麻布が皇室に納められた。

ところで、今日、徳島県では麻の栽培が見られなくなり、あわせて大麻取締法《たいまとりしまりほう》によって麻種の入手も困難な状況となっていた。そこで、令和の大嘗祭では、日本でも数少ない麻の生産地として知られる栃木県の農家を招き、播種《はしゅ》、中耕《ちゅうこう》、収穫《しゅうかく》、加工などの技術指導を受けることとした。これは、生産農家で組織される「栃木県あさ振興連絡協議会《しんこうれんらくきょうぎかい》」がその任にあたった。

三木家では、平成三十（二〇一九）年八月頃から整地作業を行い麻栽培の準備を始めた。そして、「特定非営利活動法人《とくていひえいりかつどうほうじん》あらたえ」が中心となり、麻の栽培から精麻《せいま》への加工、麻績《おう》みまでを行った。その後、麻糸は「阿波忌部麁服調進協議会《あわいんべあらたえちょうしんきょうぎかい》」に引き継がれ、徳島県吉野川市山川町《よしのがわしやまかわちょう》において、七名の織女《しょくじょ》により、「麁服」に織り上げられた。

徳島県の人々と栃木県の麻農家の協力によって完成した「麁服」は、御殿人《みあらかんど》の役を任された三木信夫《みきのぶお》氏によって十月二十九日に皇居に供納された。

＜麻の播種の様子＞　平成31(2019)年4月頃　徳島県美馬市

約6アールの栽培地の周りは、竹矢来《たけやらい》と金網で二重に囲まれている。平成31年4月9日に播種式を執り行い、農作業の安全と麻の成長を祈願した。その後、麻の播種を行った。写真の手前右には、播種器を引いて麻種を播く人が見える。播種器は、栃木県で使用されているものである。

（左）麻ひきの様子　（右）麻の収穫の様子　（いずれも令和元年７月頃）　徳島県美馬市

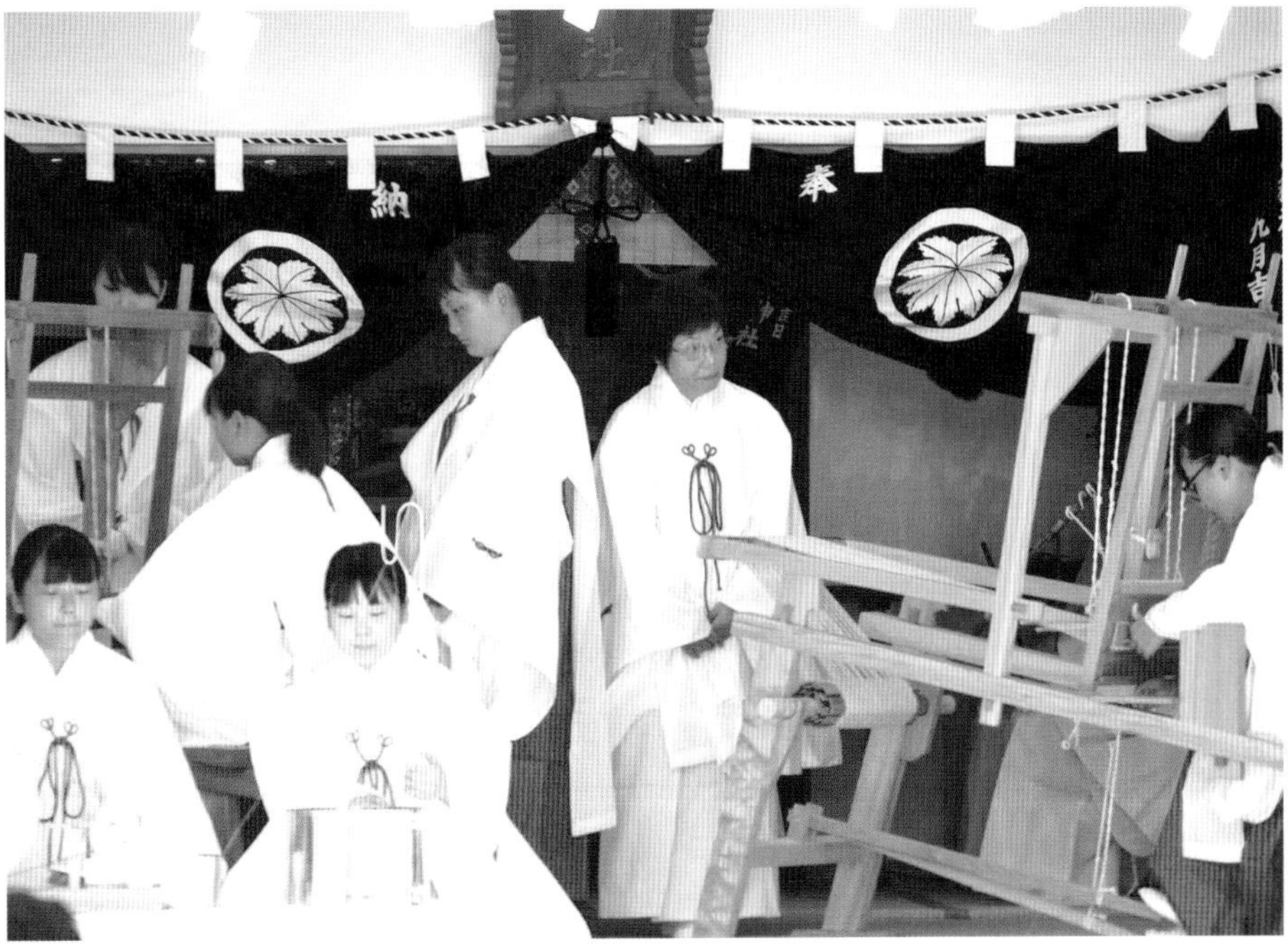

織り初め式の様子　令和元 (2019) 年 9 月 10 日）

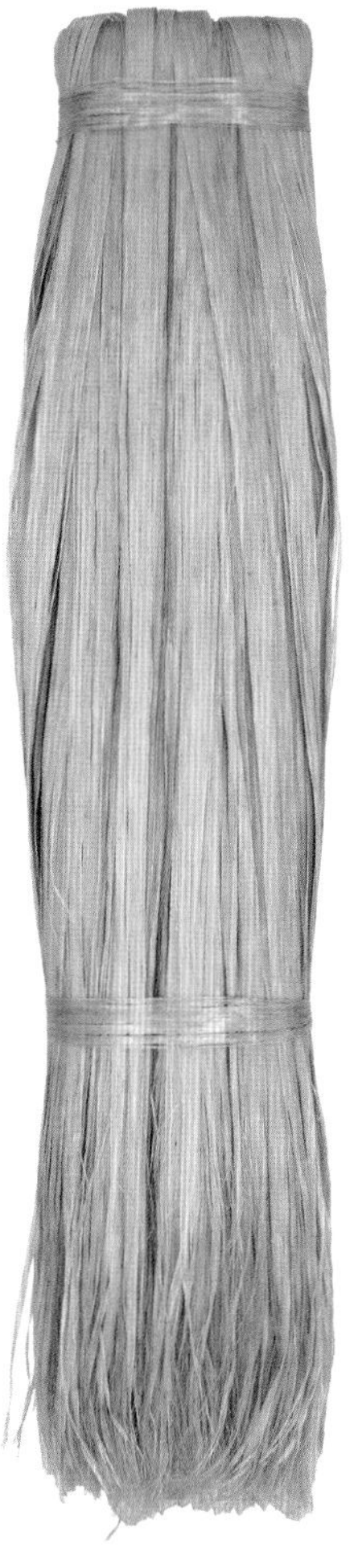

参考資料　精麻《せいま》

現代　当館

麁服出発式の様子

令和元 (2019) 年 10 月 27 日

徳島県吉野川市

麻の収穫作業は、7 月 15 日の抜麻式《ばつましき》、初蒸式《はつじょうしき》の後に始められた。その後の麻の湯かけ、乾燥、発酵、麻はぎ、麻ひきなどの作業は、栃木県あさ振興連絡協議会の協力のもと、特定非営利活動法人あらたえが行った。麻ひきが終わった麻を３、４日ほど陰干《かげぼ》しすると精麻となる。精麻は細く裂《さ》かれた後に糸に績まれ、徳島県吉野川市で地元の織女の手により麁服に製織《せいしょく》された。麁服は桐箱に納められ、10 月 27 日に皇居に向けて出発した。左の写真は、麁服出発式の様子であるが、前から２人目が御殿人の三木信夫氏である。

精麻を除く写真は、

特定非営利活動法人あらたえ・阿波忌部麁服調進協議会提供

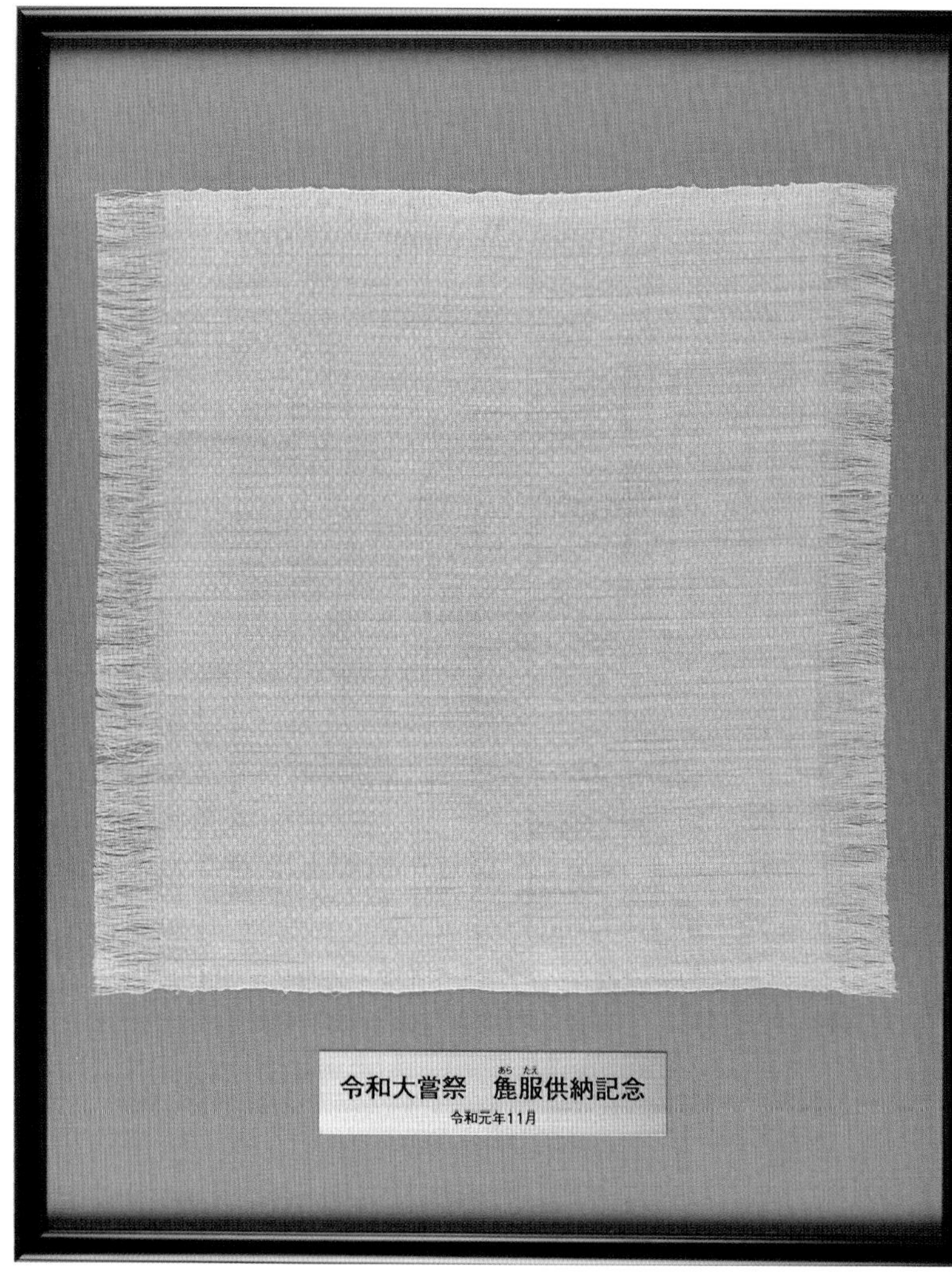

参考資料

「令和大嘗祭麁服供納記念《れいわだいじょうさいあらたえきょうのうきねん》」麻布《あさぬの》

令和元 (2019) 年　日本麻振興会

令和の大嘗祭では、布幅９寸（鯨尺《くじらじゃく》・約 34.1㎝）、長さ２丈９尺（鯨尺・約 1099.1㎝）、総数４反の麁服が供納された。

本資料は、麁服の製織に関与した阿波忌部麁服調進協議会が、麁服と同質の糸で、同様に製織した麻布を記念として額装したものである。

45　明治大嘗祭図《めいじだいじょうさいず》　上　明治 27 年 (1894)　宮内庁宮内公文書館

本資料は、明治４年 (1871) に斎行された「大嘗会」の主要な場面・品々を描いた彩色の絵図である。上巻では、神饌や調度を描いている。左右に布が床に置かれているが、左が麻織物、右が絹織物と推測され、それにより図中右側は繒服（絹衣）を入れた目籠、左側が麁服 (麻衣) を入れた目籠と考えられる。

主な参考文献

●概説書、一般図書等

新人物往来社編『図説天皇の即位礼と大嘗祭（別冊歴史読本　一九八八年十一月号）』新人物往来社、一九八八

宮内省図書寮編修『大正天皇実録』ゆまに書房、二〇一六

東儀信太郎代表執筆『雅楽事典』里文出版、二〇一九

皇室事典編集委員会編著『皇室事典　令和版』ＫＡＤＯＫＡＷＡ、二〇一九

●専門書

関根正直『即位禮大嘗祭大典講話』東京寶文館、一九一五

吉野裕子『大嘗祭　天皇即位式の構造』弘文堂、一九八七

鎌田純一『平成大禮要話　即位禮大嘗祭』錦正社、二〇〇三

岩井忠熊、岡田精司編『天皇代替り儀式の歴史的展開　即位儀と大嘗祭』柏書房、一九八九

●展覧会図録等

宮内庁三の丸尚蔵館編『工芸風土記　壱　諸国やきものめぐり』宮内庁、二〇〇二

宮内庁三の丸尚蔵館編『工芸風土記　弐　諸国やきものめぐり―木・竹・漆の世界』宮内庁、二〇〇三

栃木県立博物館『第七三回企画展 那須の自然』栃木県立博物館、二〇〇二

宮内庁三の丸尚蔵館編『雅楽―伝統とその意匠美』（三の丸尚蔵館展覧会図録　ｎｏ．三七）宮内庁、二〇〇五

「京都の御大礼即位礼・大嘗祭と宮廷文化のみやび」展実行委員会『京都の御大礼　即位礼・大嘗祭と宮廷文化のみやび』思文閣出版、二〇一八

國學院大學博物館企画『大嘗祭　令和元年企画展』國學院大學博物館、二〇一九

宮内庁三の丸尚蔵館編『令和の御代を迎えて　御即位記念特別展』（三の丸尚蔵館特別展図録）宮内庁、二〇二〇

京都国立博物館［ほか］編『皇室の名宝　御即位記念特別展』読売新聞社、二〇二〇

●報告書、論文等

秋山光和「大嘗会屏風について―平安時代やまと絵研究の一節―」（『美術研究』（一一八））、一九四一

西牟田崇生「悠紀・主基国郡卜定の一考察」神道宗教（七三）、一九七四

八木意知男「大嘗会御屏風」（『神道史研究』三四（二））、一九八六

栃木県立博物館『栃木県立博物館研究報告書 那須御用邸の動植物相』栃木県立博物館、二〇〇二

谷昇「大嘗会和歌地名に見る王権と在地―後鳥羽天皇大嘗会を中心に」（『立命館文學』（六〇九））、二〇〇八

那須御用邸生物相調査会『那須御用邸の動植物相Ⅱ』那須御用邸生物相調査会、二〇〇九

栃木県立博物館『栃木県立博物館研究報告書 那須御用邸附属地の植物・地衣類・変形菌　二〇一二』栃木県立博物館、二〇一二

中本真人「院政期の大嘗会と楽所　風俗歌舞の制作と奏楽をめぐって」（『日本歌謡研究』五五（〇））、二〇一五

特定非営利活動法人あらたえ・阿波忌部麁服調進協議会『令和の大嘗祭麁服』、二〇二〇

天皇御一家の御来県された際の御写真

＜昭和44(1969)年7月16日　駅での皇太子(現在の上皇陛下)御一家＞
(左から上皇陛下、秋篠宮皇嗣殿下、天皇陛下、上皇后陛下)
【黒磯駅】　下野新聞提供

＜平成 5(1993) 年 7 月 31 日　子どもたちと一緒にサイエンスショーを楽しまれる天皇皇后両陛下＞
【県こども総合科学館】　下野新聞提供

＜平成 5(1993) 年 8 月 3 日　全国高等学校体育大会のソフトボールを観戦に来られた際の天皇皇后両陛下＞【大田原市美原公園】　下野新聞提供

＜平成 11(1999) 年 1 月 26 日
日光彫実演を興味深そうに覗きこまれる
天皇皇后両陛下＞
【日光木彫りの里工芸センター】 下野新聞提供

＜平成 12(2000) 年 10 月 10 日
茶臼岳を散策する天皇皇后両陛下＞
【茶臼岳牛ヶ首付近】 下野新聞提供

＜平成 14(2002) 年 8 月 17 日　愛子様をお連れになり、沼原湿原を
散策される天皇皇后両陛下＞【沼原湿原】　下野新聞提供

＜令和元 (2019) 年 5 月 3 日
「利根川水系連合水防演習」を視察され、子どもたちに話しかける天皇陛下＞
【佐野市渡良瀬川河川敷】　下野新聞提供

出品目録

第一章　歴史資料に見る大嘗祭

No.	作品名	員数	時代・年代	所蔵
1	登極令	一冊	明治四二年（一九〇九）	宮内庁宮内公文書館
2	延喜式　巻七	一冊	正保四年（一六四七）	千葉県立中央図書館
3	令義解　巻一	一冊	寛政十二年（一八〇〇）	千葉県立中央図書館
4	日本書紀　巻二九	一冊	文政三年（一八二〇）	当館
◎ 5	経光卿記　自天福元年四月十六日至三十日	一巻	天福元年（一二三三）	国立歴史民俗博物館
6	明治大嘗祭図　下	一帖	明治二七年（一八九四）	宮内庁宮内公文書館
7	悠紀斎田記念画帳	一帖	大正四年（一九一五）	当館
8	日本後紀　巻二〇	一冊	寛政十一年（一七九九）	千葉県立中央図書館
9	公事録附図　臨時公事之図	一帖	明治二〇年（一八八七）	宮内庁書陵部
10	大正大礼記録　絵図　四	一帖	大正七年（一九一八）	宮内庁宮内公文書館
11	御代始鈔	一冊	宝永八年（一七一一）	当館
12	大嘗会敷設図	一冊	弘化四年（一八四七）	宮内庁書陵部
13	袋草紙　巻一（高松宮家伝来禁裏本）	一冊	貞享二年（一六八五）	国立歴史民俗博物館
14	八雲御抄　第二	一冊	室町時代初期	宮内庁書陵部
15	続日本後紀　巻二	一冊	江戸時代中期	千葉県立中央図書館
16	夜鶴庭訓抄（桂宮家旧蔵本）	一巻	室町時代初期	宮内庁書陵部
17	平兵部記　仁安三年	一巻	鎌倉時代	宮内庁書陵部
18	永和大嘗会記	一冊	安政二年（一八五五）	当館
19	大嘗祭御繪巻物	一巻	大正四年（一九一五）	当館
20	舞楽図　一	一冊	明治時代	宮内庁書陵部
21	続日本紀　巻三六	一冊	明暦三年（一六五七）	千葉県立中央図書館
22	中右記　天仁元年冬（高松宮家伝来禁裏本）	一冊	江戸時代	国立歴史民俗博物館
● 23	大嘗会記　天仁元年	一巻	鎌倉時代	国立歴史民俗博物館
24	残夜抄	一巻	江戸時代	国立歴史民俗博物館

第二章　令和の御大礼と悠紀地方栃木

25	大饗の儀献立	一点	令和元年（二〇一九）	石塚毅男氏
26	悠紀地方風俗歌屏風　（和歌）篠弘詠筆 （絵）田渕俊夫筆	六曲一双	令和元年（二〇一九）	宮内庁
27	挿華	一点	令和元年（二〇一九）	石塚毅男氏
28	白酒・黒酒用盃（素焼）	一組	令和元年（二〇一九）	石塚毅男氏
29	菊御紋鳳凰付盃	一点	令和元年（二〇一九）	石塚毅男氏
30	御紋付銀盃	三ツ組	令和元年（二〇一九）	福田富一氏

第三章　栃木と皇室

31	竹製花瓶　二代飯塚鳳齋	一組	昭和三年（一九二八）	宮内庁三の丸尚蔵館
32	紅梅文大壺　田村耕一	一点	昭和五七年（一九八二）	宮内庁三の丸尚蔵館
33	地釉象嵌唐草文壺　島岡達三	一点	昭和五七年（一九八二）	宮内庁三の丸尚蔵館
34	日光御旅館運動の図　村田香谷	一幅	明治二三年（一八九〇）	当館
35	ヲカモトキイチコドモ画集　乗物画報	一冊	大正十四年（一九二五）	当館
36	澄宮殿下御作童謡レコード （ツキトガン・キンギョ／ユキ）	一点	大正九年（一九二〇）	当館
37	テーブル・椅子・燭台（塩原御用邸使用）	四点	明治時代～大正時代	那須塩原市
38	大正天皇御肖像写真（皇太子時代）	一点	明治時代	当館
39	御学帽（大正天皇御着用）	一点	明治時代	那須塩原市
40	御羽織（大正天皇御着用）	一点	明治時代～大正時代	那須塩原市
41	大正天皇実録資料稿本五〇 明治三五年七月～九月十九日	一冊	明治三五年（一九〇二）	宮内庁宮内公文書館
42	大正天皇御製詩集　巻之下	一冊	昭和二〇年（一九四五）	千葉県立中央図書館
43	放鳥箱	一箱	平成時代	当館
44	那須御用邸附属地で確認できた動植物	一式	平成時代	当館
45	明治大嘗祭図　上	一帖	明治二七年（一八九四）	宮内庁宮内公文書館

【謝辞】

本展開催並びに本書刊行にあたり、貴重な作品の御出品、画像の御提供、御指導、御協力を賜りました。左記の各機関、各位の皆々様に対し、篤く御礼申し上げます。（五十音順・敬称略）

阿波忌部麁服調進協議会
鹿沼市
環境省日光国立公園管理事務所　那須管理官事務所
京都府立京都学・歴彩館
宮内庁宮内公文書館
宮内庁三の丸尚蔵館
宮内庁書陵部
宮内庁長官官房総務課
宮内庁長官官房用度課
国立歴史民俗博物館
ＪＡしおのや
ＪＡ栃木中央会
下野市
下野新聞社
せゝらぎの湯宿　満寿家
高根沢町
中禅寺金谷ホテル
特定非営利活動法人　あらたえ
栃木県あさ振興連絡協議会
栃木県経営管理部人事課
栃木県森林組合連合会
栃木県農政部生産振興課
那須烏山市観光協会
那須高原ビジターセンター
那須塩原市
那須平成の森
那須町観光協会
日光山輪王寺
日光市観光協会
日光市
日光田母沢御用邸記念公園
日本麻振興会
千葉県立中央図書館
益子町
ましこ悠和館

相ヶ瀬　正史
朝賀　浩
荒田　慎吾
飯田　将吾
井澤　杉生
石塚　毅男
岩崎　葵
宇賀神　昇
臼井　祥朗
枝　智美
榎本　真紀子
太田　彩
大森　由久
奥山　恵子
小倉　慈司
川添　莉代
木村　友則
木村　雅彦
国友　俊明
小島　道裕
坂崎　絢子
篠　弘
代田　章
須恵　泰正
鈴木　孔二
鈴木　のぶ彦
鈴木　良弘
田代　圭一
田渕　俊夫
塚原　一宏
土屋　禮一
手塚　喜正
永岡　弘章
永田　和宏
花里　麻里
花塚　一浩
桧山　忠幸
平井　俊行
福田　英雄
福田　泰久
前田　宏智
増渕　哲夫
松崎　萌
真山　高士
丸山　哲也
溝口　絵理奈
森谷　文子
八木沢　路男
谷口　広幸
山口　喜久
湯沢　長久
渡邊　修孝

特別展示
令和の御大礼―悠紀地方に選ばれた栃木―
編集・発行　栃木県立博物館
販　　　売　栃木県立博物館友の会
　　　　　　栃木県宇都宮市睦町二―二
　　　　　　TEL○二八―六三四―一三一九
印　　　刷　株式会社井上総合印刷
発　行　日　令和三（二〇二一）年一月二十三日
ＩＳＢＮ　９７８―４―８８７５８―１１０―４

表表紙　公事録附図　臨時公事之図
　　　　宮内庁書陵部